愛新覚羅ゆうはん

手放すと開運!風水

モノ・コト・ヒト上手に手放せば、運がどんどん良くなる

X-Knowledge

はじめに

幸せな人は、みんな手放し上手

「好きな人となかなかうまくいかない」
「お金が貯まらない」
「先のことを考えると不安」
「いつも体調がすぐれない」

あなたの中にも、こんなお悩みはありませんか？　それって、もしかしたら、モノコトヒトが上手に手放せていないからかもしれません。

モノとは、風水家相における空間や目に見えるモノのこと
コトとは、生活に影響する出来事（時間）、情報、体験のこと
ヒトとは、人生に影響する人間関係、人と人の交わりのこと

自分にとって不要なモノを部屋に置きっぱなしにしていたり、スマホの中に使わないアプリなどを溜めていたり、苦手な人間関係が続いていたりするようなら、それだけ邪気が溜まっているということ。あなたの運気に滞りが出ていても不思議ではありません。

申し遅れました、愛新覚羅ゆうはんと申します。

清朝の皇帝・愛新覚羅一族に代々伝わる風水と占い、個人的に学びを深めてきた古神道を元に確立したゆうはん流風水で、これまで延べ2万5000人の方々の鑑定をしてきました。

長年に渡り多くの方を鑑定してきて、一つ確信していることがあります。それは、

成功している人はみな、不要なモノコトヒトをどんどん手放し、今の自分に「ちょうどいい」と思えるものだけを選び取り、運を引き寄せているということ。

風水師として20年以上におよぶキャリアの中で、私が大事にしているのは「自分自

身を環境と見立てて整えること」。

つまり、部屋と同様に、そこに住む自分自身を整えることで、運気アップをさらに加速させることができるというわけです。


ところが、現代はテレビをつければ生活に役立つ通販番組が放送され、ネットを開けば魅力的な商品の広告が流れてきます。

SNSを見れば、インフルエンサーの優雅なライフスタイルが垣間見え、まだ何か自分には「欠けている」のではないかと感じてしまうこともあるでしょう。

本当はすでに満たされていても、この「欠けている何か」を補おうという意識が動くことで、現代人はモノコトヒトを手放すことが、どんどん苦手になっているようです。

「手放す」ことが、運を引き寄せる最短ルート！

家の中の空間や自分自身の意識の中に、ありったけのモノコトヒトを詰め込んでいけば、一時的な安心感は得られます。

けれども、自分にとって不要であったり、上手に活用できたりしていないモノコトヒトがあればあるほど、それらが発する邪気によって元気、やる気、意欲などが削がれて、自分自身の運気を下げてしまいます。

私が「風水は環境心理学」と説くわけは、ここにあります。

また、その人の部屋の状態と、感情というのは鏡合わせのようになっており、等しく露わに映し出されています。つまり、

環境を整えることで、自分の感情も整えることができ、不安定な時代を自分らしく幸せに生きることができるのです。


たくさんのモノコトヒトが溢れ、忙しい日々を送る現代人にとって、自分を変えることは難しいですが、身のまわりの環境を変えることは今からすぐにできます。

いきなり大掃除や部屋の模様替えをする必要はありません。

まずは、玄関のドアと部屋の窓を開けて、空気を入れ替えるだけでもＯＫ。これだ

けで邪気を祓い、よい気を部屋に招き入れることができます。

こんなふうに一歩ずつ、今の自分にできることから、モノコトヒトの手放しを進めて、着実に運気をアップしていきましょう。


そのために必要なことを、本書では順番に詳しくお伝えしていきます。

まず、第1章では、モノコトヒトが溜まりすぎると澱みが生まれて運気が下がる理由について詳しくご紹介しています。

第2章では、私たちの運のよしあしに風水がどのように影響しているかをお伝えしています。コラムでは風水の基礎知識として知っておきたい、陰陽五行や五運六気などについて記しているので、風水初心者の方でも安心して読み進めていただけます。

第3・4章からは、欲しい運別に行う、モノコトヒトの手放しの実践になります。金運、人間関係運、仕事運、恋愛運、健康・美容運、全体運など、今のあなたが欲しい運のところから読み進めて、ぜひ手放しを実践していってもらいたいと思います。

第5章では、少しスピリチュアルな要素を取り入れながら、手放しと引き寄せについての情報をお伝えしていきます。

ここで、みなさまに誤解しないでいただきたいのは、

「手放せない・捨てられない」ことは、悪いことではない。
だから、自分を責めないでほしいということ。

巷には、モノを持たないことをよしとする考え方もありますが、実は風水的な見方をすると、意外な落とし穴があることがわかります。

本書では、ただ単にモノコトヒトを手放せばよいということではなく、風水思想を用いてこれらをどのように精査していけばよいかも解説しているので、ご安心ください。

そして、本書を読み終わるころには、不要なモノコトヒトの手放しも済んで、身軽で自分らしく生きられる、運のいいあなたに変わっていることでしょう！

愛新覚羅ゆうはん

目次
CONTENTS

第1章

「不要」を手放せば運気は変わる！

第2章

風水で知る！手放し上手・引き寄せ上手の法則

第3章

実践！ 欲しい運別・モノコト手放しリスト

第4章

風水的・ヒトを手放すときのヒント

第5章

応用！ちょっとスピリチュアルな手放し方・引き寄せ方

スタッフ

取材・文……岡田光津子（cosmic flow）
イラスト……徳永明子
デザイン……鈴木大輔、仲條世菜（ソウルデザイン）
DTP………平野智大（マイセンス）
編集………別府美絹（エクスナレッジ）

第1章

「不要」を手放せば運気は変わる！

私たちは今、手放しにくい時代を生きている

もし「なかなかモノを片付けられない」「いつまでも過去のコトが忘れられない」「あのヒトとのこじれた関係をどうにかしたい」などと、自分を責めている方がいたら、それはあなただけのせいではありません。

なぜなら**私たちは今、モノコトヒトを手放したくても手放せない、そんな時代に生きている**からです。

風水は東洋思想から生まれたものですが、時代の捉え方や考え方について私は、西洋占星術の流れも取り入れています。

ここでは、その観点も交えながらお話ししていきましょう。

２０２０年12月22日からは「風の時代」といわれています。

「風の時代」とは、物質よりも精神性が重視される時代のこと。モノを所有するよりは手放して身軽になり、これまで束縛されてきたものから自由になり、自分らしいライフスタイルを個人個人がつくっていく時代のことをいいます。

それに対し、２０２０年12月21日まで２４０年ほど続いていた「地の時代」は、所有や物質、経済、権力など、目に見えるものの時代といわれています。

そのため、さまざまな産業が発達し、多くのものが開発、発明、発見され、資本主義社会が広がり、私たちのライフスタイルは格段に向上しました。

結果、モノやお金などの有形資産をより多く持っているほうが豊かだという価値観が生まれたのです。

しかし、**これからは、モノやお金を所有する豊かさよりも、知恵や教養、情報、感性、人脈など、目に見えないものに価値を置く無形資産の時代。**

地の時代から２４０年ぶりに風の時代に変わるため、私たちの心理状態は非常に不安定になりやすく、迷いやすい状態になるのは仕方ありません。

従来の価値観からの大転換ですから、次のようなことが起こっても不思議ではないのです。

●自分の「好き」がわからなくなる。自分らしさがわからなくなる
●不必要なモノをつい買ってしまう
●整理整頓しても、すぐに部屋がモノで溢れてしまう
●極端に考えすぎてしまう。不安や心配を感じやすくなる
●ヒトのやることに過敏に反応してしまう
●情報に振り回されて、感情の浮き沈みが多くなる

つまり、自分にとって不要を引き寄せやすい＝**「邪」がつきやすい時代**ともいえます。
だからこそ、モノコトヒトの**要不要を見極めて手放す、手放し力が必要**。

逆に、**自分にとって最適な手放し方を知っている人こそ、これからの風の時代では自分らしく幸せに生きることができる**のです。

地の時代
風の時代

モノが手軽に買えるからこそ、手放すことを意識する

インターネットの普及により、どこにいてもクリック一つでなんでも手に入る時代になりました。

また、ファストファッション、100円ショップ、格安スーパーなど、私たちの日常はたくさんのモノにアクセスしやすい環境にあります。

軽やかにモノと付き合える「風の時代」に向かっているからこそ、そのモノが自分にとって本当に必要かどうかを精査する必要が生まれます。身のまわりの不要なモノを意識的に整えていかないと、邪気が生まれやすい時代になっているからです。

時代の変化の中で迷わない！コトとの向き合い方

コトに関しても、少しずつ変化の波は押し寄せています。その一つの例が、最近出てきたインフルエンサーという職業です。

ＳＮＳなどで世間に与える影響力が大きく、ビジネスとして情報発信している人たちのことですが、これはどちらかというと「風の時代」寄りの仕事といえます。

ただ、まだ「地の時代」から「風の時代」への変わり目なので、フォロワー数という数の優劣があります。けれどもいずれは、数字や国籍、性別関係なく、どう和合するかを検討する流れになるでしょう。


ちょうど過渡期にあたるので、今はＳＮＳなどのコトに関してモヤモヤした思いを抱える人も少なくありません。

たとえば、憧れのインフルエンサーＡさんを真似したいと思う。これは「地の時代」に寄った感覚です。なぜなら、Ａさんと同じようなスタイルを目指すというのは、そのままの自分ではないからです。

もちろん、これも間違ってはいません。運のいい人のマネをすることで、引き寄せるという側面もあります。


しかし、**風の時代においてより一層強調されるのは、自分はどうありたいか、どん**

なふうに生きていきたいかを大切にすることです。

とはいえ、今はまだその過渡期なので、どうしてもこの間を行ったり来たりしながら、だんだんと変化をしていくしかありません。

優劣や肩書は関係ない。運を拓くヒト付き合いのポイント

ヒトとの付き合い方も、着実に変化しています。

「地の時代」の象徴には、権利、権力、地位、社長、大統領、皇帝や王様などがあり、ピラミッド型の組織で統治される世界。このスタイルの世の中では、トップの誰かだけが得をして、その下の誰かが支えるという組織で社会が成り立っていました。

当然、ヒトのつながりも、縦軸で成り立つ考え方が主流でした。

「上下関係は気にしなさい」「年上の人を敬いなさい」といわれてきた人も多いのではないでしょうか。

また、ヒトに対して優劣でみたり、役職や肩書、年収などで人の価値をはかる傾向があったり、地縁、血縁の結びつきが重視されたりしていました。

ところが「風の時代」になると、横軸でつながる世界が主流になっていきます。

私たち、個人個人がトップであり社長であり、そのうえで、みんなとどうつながっていくかという社会です。

横軸で成り立つようになるので、肩書も性別も年齢も学歴も関係ありません。みんなが同じ＝平等、というスタンスです。

そして、**従来当たり前とされてきた組織や地縁、血縁だけに縛られず、自分が心地いいと思う場所で、誰とつながっていくかが大切に**なります。

「ちょうどいい」がわかっていないから不運になる

では、この不安定な時代の狭間で自分を幸せにするために、私たちはどのようにしてモノコトヒトを手放していけばよいのでしょうか。

そのために知っておきたいのが、自分にとっての「ちょうどいい」という感覚です。

そもそも「ちょうどいい」とは、どのような感覚をいうのでしょう。

それは、**「自分にとって本当に心地いいかどうか」**です。

住まいに花があると気持ちがいい人もいれば、可愛いネコグッズを並べておくと気分がいいという人もいるでしょう。

誰かに勧められたり、誰かの真似をしたりしたモノではなく、自分が心から心地いいと思えるモノであるかどうか。

そして、それが**多い少ないではなく、自分にとって「ちょうどいい」と感じられる量であるかどうか**。そのように思える部屋こそが、あなたの運気を上げてくれます。

ヒトに関していえば、**自分はどんな人といると、安心して自分自身が成長できると感じられるか**です。

一緒にいて自分の気が高まると感じられない人は、心地いいとは思えませんよね。そのような視点で人間関係を見直し、精査していくことが必要になります。

また、コト（体験、情報）もモノヒト同様、自分が成長できるかどうか、心地いいと思えるかどうかです。

ただし、コトはモノやヒトを介して発生します。ですから、**自分を成長させてくれるコトを生じさせるためには、最初にモノとヒトの手放しが必要**です。これがわかっていないと、過剰に何かをし過ぎてしまいます。

極端に何かをやり過ぎると、自分らしさがわからなくなり、幸せを感じにくくなります。つまり、流れが「凶」に転じてしまいます。

だからといって、単純に手放すことが「吉」という考え方ではありません。自分に不要なものをちゃんと手放すことができ、自分に必要なものを大切に所有できているかどうかが大切です。

このように、**自分の中の「ちょうどいい」を探すことが、これからの時代を幸せに生きる一番の近道**となります。

あれも
あれも欲しいな〜
は〜 これがちょうどいい！
うん

モノトヒトが澱むと、招きやすい不運

モノコトヒトを許容する器の大きさは、人によって異なります。「ちょうどいい」は人それぞれ違う、当然ですよね。それが過剰・極端になることでどんどん溜まってしまうと、自分の器からあふれ出し、現実に不具合をつくり出します。

風水のベースにある、古代中国の陰陽五行という思想でも、**過剰や極端は自然の道理から外れるので、結果的に運気を下げる**といわれています。

この思想についてはコラムで詳しく述べますので、ここでは過剰・極端が私たちの心身にどのような悪影響をおよぼすのかをご紹介しましょう。

悪影響①　無気力・気が落ちる

自分の生活に関わるモノコトヒトの中に「極端・過剰」が生じると、私たちの意識は無意識のうちにそこに向いてしまいます。

つまり、「気」を持っていかれてしまいます。

そのため、ほかのことに気が回らなくなるのです。この状態が長引くと、気分が落ち込んだり、気力が湧かなくなったり、何のために自分が生きているのかわからなくなったりしてしまいます。

こういう状態を、気が落ちているといいます。

悪影響②　主体性がなくなる

過剰・極端なモノヒトコトに振り回されていると、だんだんと「私はこうしたい」「私は私」という主体性がなくなっていきます。

とくに今は、情報過多ともいわれる時代です。もちろん、こうした情報が役立つこともたくさんありますが、無意識のうちに自分の本当の気持ちよりも情報のほうを優先させたりすることもあるのではないでしょうか。

悪影響③　執着が生まれる

これは恋愛にたとえるとわかりやすいと思います。

恋人同士のA子さんとB夫さん。ふだんからB夫さんの女癖が悪く、別れてしまいますが、A子さんは復縁したいと思っています。これはA子さんの執着というコトです。また、A子さんはB夫さんの見た目や時折見せる優しさが好きでした。B夫さんというヒトにも執着があるわけです。

さらに、B夫さんにもらったネックレスをまだ捨てられない。これはモノへの執着になります。

このようにモノコトヒトに対する過剰・極端な思いは執着となり、さまざまな不運を招いてしまいます。

悪影響④　チャンスが巡ってこない

過剰・極端になったモノコトヒトを手放せないでいると、チャンスの神様にも見放されてしまいます。

つねに自分のキャパをオーバーしているので、チャンスの神様が近くに来ていることに、気付けなくなってしまうのです。また、タイミングが合わない出来事も多くなってきます。

そんなときは少し立ち止まって、モノコトヒトの中で過剰・極端になってしまっているところはないか、そちらに意識を向けてみてください。

悪影響⑤　心身に影響がある

過剰なモノコトヒトに囲まれていると、ストレスを感じるようになります。そしてそれが長引けば、体の免疫が落ちたり、お腹や肌など弱い部分に不調が生じたり、よい睡眠がとれなくなったりして、体調にも悪い影響が出てきます。

もちろん、体の不調は心の不調にも通じますし、その逆も同じです。いつも何か気にかかることがあると、どうしてもそちらに気がいってしまうので、万全の心持ちや体調を保ちづらくなります。

悪影響⑥　行動範囲が狭まる

自分の家にモノが過剰にあり過ぎると、動きづらくなるので、だんだんと家の中でも行動範囲が狭まっていきます。逆に、モノが極端になさ過ぎても、家自体に生気が生まれないため、行動しようという気が起きなくなります。


このほか、コトやヒトに対しても、過剰・極端な思いを抱いていると、そのことが気になってしまって、ほかのことに意識が向かなくなるため、限られた行動範囲でしか動かなくなっていきます。

そうなると、全体的な気の流れがだんだんと弱くなり、停滞し始めます。

「最近、家と会社の往復だけだな」「同じ場所にばかり行っている」など、行動範囲が狭くなっていたら要注意です。

悪影響⑦　優先順位がわからなくなる

余りにもたくさんのモノコトヒトと関わっていると、だんだんと自分自身の優先順位が低くなってしまいがちです。

仕事が忙しすぎて、睡眠時間が足りない日が続いたり、ストレス過多になったりしている場合は、自分の健康よりも仕事というコトを優先させています。

恋人に予定を合わせ過ぎている場合は、自分の時間よりも恋人というヒトを優先させています。

自分自身の優先順位が低い状態が続くと、自分が大切にしたいことがわからなくなり、常に不安や焦りを抱えるようになります。

目に見えない自分の内面も風水で整う

このような悪影響を受ける前に、**不要なものを適切に手放し、つねに余白を設けて気の巡りをよくし、自分自身がパワースポットであるかのように、よい気で満たす環境をつくることが大切**です。

風水とは、環境学や地質学など、さまざまな学問の融合で成り立っています。とくに、私がお伝えしている風水は、「環境心理学」という側面を強く持っています。きれいに片付いてよい香りがする日当たりのいい部屋にいたら、心も体も解放されて気持ちがいいですよね。新しく何かをやってみよう！という意欲も湧いてきます。こうした状態を「気」が上がっているといいます。

逆に、ゴミ屋敷のようなところに住んでいたら、不衛生ですし、動きづらくて不便。

何かをやろうという意欲も起きなくなります。これは、「気」が下がった状態ということです。

このように、人の心と環境は密接に関係があり、共通するものがあります。

つまり、**家とそこに住む人の心や感情は、共鳴しているということ**。

ですから、環境さえ変えれば、私たち自身を変えることができるともいい換えられます。環境とは、モノコトヒトすべてを指します。

それについて研究している学問が、風水＝環境心理学なのです。

すべてのモノに気が宿る

風水では、私たち人間だけでなく、**すべてのモノやコトにも「気」がある**と考えます。リンゴ１個、マグカップ１個にしても、なにかしらの気を持っています。地球から生まれるモノ、自然物、人工物すべてに気が宿っています。

友達とケンカした、恋人ができた、職場で褒められたなどのコトにも、気は宿ります。その気がお互いに共鳴しながら、共存しているというのが風水の基本的な考えなのです。

ですから、ゴミ屋敷に住んでると、そこにあるモノやそこから生まれるコトから気が共鳴し、住むヒトのやる気にも影響を及ぼしてしまうのです。

ただ、ここで一つ、声を大にしてお伝えしておきたいことがあります。

それは**「モノがあることは悪ではない」**ということ。

モノがあることが悪なのではなく、どんなモノに囲まれているかが大切なのです。

自分にとって大切なモノ、大好きなモノで囲まれた部屋ならば、その環境はいい気が充実していると考えます。

いい気が充実していると、自分の気も共鳴して上げることができます。

モノコトヒトはお互いに気を交流し合いながら共存しているので、**モノがあったと**

BOOK
すべての
モノヒトコトに
「気」が宿る

しても整理されている家ならば気の巡りがよいのです。

こういう家には「生気」が満ちています。「生気」というのは、生活感ともいえます。

風水でいう**「気」とは、エネルギー**を指します。

波長や波動ということもあります。


気があるからこそ、自然と心臓が動き、食事をすれば排泄があり、疲れたら睡眠を取って、日々生きることができます。

また、気は人との間にも流れています。一緒にいて楽しい人のことを「波長が合う」と感じたり、逆に疲れてしまう人のことは「気が合わない」と感じたりすることがあるでしょう。


運は偶然だったり、生まれつきだったり、天から降ってくるものだと諦めてしまう人もいるかもしれません。

けれど、モノコトヒトが自分にとって心地よければ、エネルギーの巡りはよくなり、運気は必ずよくなるものです。

前述した通り、環境とは、目に見えるまわりのことを指すのではありません。**衣食住だけでなく、これまでにとらわれていた思い込みや感情、腐れ縁、ついやってしまいがちな行動など、自分自身を環境と見立てて、整えていくことが大切**。

不安定な時代だからこそ、こうした部分にも風水を取り入れてほしいと思います。

ところで、気は目には見えませんが、もとは中国語や中国哲学思想、東洋医学のなかで生まれた流動的な作用を表す言葉です。日本語にも、気持ち、気分、元気、やる気、覇気、勇気、運気、気遣い、気がいい、気が滅入るなど、気を使った言葉がたくさんありますね。そのくらい、日本でも親和性のあるものです。

昔の人たちは、すべてのモノに気が宿り、それらと上手に呼応することで運が拓けていくことを知っていたのでしょう。

手放すモノは、「役割があるか」で見極める

「自分にとってちょうどいい」といっても、人それぞれですから、それを判断するのが難しいと感じる方もいるかもしれません。

たとえば、夏に持ち歩く小型の扇風機。去年買ったばかりだけれど、今年出た新色のものが可愛いからもう1つ買ってしまった場合。

一見無駄に思えますが、自分の中で「1つは通勤用、もう1つはプライベート用だから」と、どちらにも役割を与えて使っているならば、どちらも無駄にはなっていません。こういう場合は、2つ所有していてもOKです。

つまり、**モノに「役割」があるかどうか**。これが手元に残すモノかどうかの基準となります。

風水では、用途があれば生命を成している＝気があると、考えます。使うこと、生かされることで、活気となり、気が共鳴し、運気も上がるのです。

一方、使わないモノ、使っていないモノは、ゴミ化していると考えます。ゴミは、邪気、殺気、陰気、死気を溜めます。

わかりやすいところでは、賞味期限切れの調味料や食料があげられます。これらは、モノとしての役割が終わっているので、いつまでも放置しておけば当然不衛生ですね。

また、**「役割がある」ということは、使っているかどうかだけでなく、手入れされているかどうかも含まれます**。

思い出のモノも定期的にメンテナンスされているのであれば、使っていなくても手元に残しておいていいのです。メンテナンスができていないのであれば、それは、役割がないということ。手放す時期にあると考えていいでしょう。

役割があれば気が巡っていると考えるので、モノが多くても運気は悪くなりません。

モノが多い家でも、それぞれが手入れされていれば、よい気が巡っていると考えます。

過度なミニマリストには運は寄ってこない

逆に、モノが少なければいいということではありません。

ここ数年、モノが少ないことをよしとする風潮がありますが、実は、整理整頓され過ぎて、**あまりにも殺風景な部屋というのは、風水的には運気を下げると考えます**。殺風景な部屋というのは、刑務所の独房や病院の病室をイメージしていただくとわかりやすいでしょう。

モノがないと、気は共鳴しません。気の巡りが起こらないので、「死気」が生まれやすく、運も停滞してしまうのです。

やはり、家の中にはある程度モノがないと、運気は上がらないのです。

「手放す」と決めた瞬間、運が動き始める！

第1章では、私たちが生きているこの時代の意味をお伝えすると同時に、モノコトヒトと運気の関係、そして手放した方がいい理由についてお伝えしてきました。

それでも、「私って、なかなか手放せないんだよね……」と感じている人も、いるかもしれませんね。

その場合は、**まず「自分は手放せない」という自分への固定概念（思い込み）を手放すところから始めてください**。

丹田（220ページ参照）を感じながら、「手放す」と決めます。その瞬間から気が動き始め、手放しやすい環境になっていきます。

だからといって、すべてを一気に変えていく必要はありません。
あなたにとって「ちょうどいい」のはどんな空間なのか、モノコトヒトとどのように付き合えば、あなたらしくいられる感じがするか。まずはそういったことをイメージすることから始めていきましょう。

そのうえで、「これはいらない」「これはもう不要」「この人とは距離を置こう」など、手放したいモノコトヒトを決めていきます。

第3・4章では、具体的にどのようにモノコトヒトを手放していくか、その方法を紹介していきますので、実際に手放しをするときは、こちらをご参照ください。

今、あなたは、どのようのモノコトヒトを手放したいと思っているでしょうか。
これまでお伝えした手放しするための準備運動をふまえ、続く第2章では、風水の基本的な考え方と、環境心理学という側面を持つ風水で、「ちょうどいい」という感覚はどのように考えられているかについて述べていきます。

私たちは、自然、地球、宇宙という大きな循環の中で生かされている存在です。こうしたことにも思いを馳せながら、モノコトヒトを手放し、自分にとっての「ちょうどいい」を見つけていく大切さを理解してもらえたらと思っています。

第2章

風水で知る！手放し上手・引き寄せ上手の法則

運にはバイオリズムがある

風水の概念のベースには、「陰陽」という考え方があり、この世界は次のような陰と陽で成り立っているとされています。

地（陰）― 天（陽）
月（陰）― 太陽（陽）
夜（陰）― 昼（陽）
悪（陰）― 善（陽）
水（陰）― 火（陽）
女性（陰）― 男性（陽）
古い（陰）― 新しい（陽）
不足（陰）― 充分（陽）

停滞（陰）―活発（陽）

陰と陽、相反するもので構成されており、どちらか一方のみでは存在できません。陰陽片方のエネルギーが強くなれば、もう片方が弱くなります。

この2つがうまくバランスを取り調和することで、この世の秩序が保たれると考えます。

この陰と陽の関係を表したのが、太極図です。

この円形の太極図を、波線に置き換えて考えるとわかりやすいと思います（53ページ参照）。これは運のバイオリズムを示しており、一番高いところがプラス（陽）、低いところがマイナス（陰）になります。

横軸は時間軸です。私たちはさまざまな体験を積むことでプラスとマイナスの幅を伸ばし、これに連動して運が大きく動き開運します。

この**運のバイオリズムを動かし続けるには、循環が必要**です。

風水においてこの循環を生み出すのに必要なのが、モノコトヒトを手放すこと。家の中なら不要なモノを捨てることでスペースができ、そこに新しいモノが入ることで循環が生まれます。

コトでいうなら、パソコンやスマートフォンに溜まっている不要なデータを削除し、そこに新しい情報が入ることが循環となります。

ヒトの場合は、今の自分とはもう合わない人たちと距離を置くことで、時間や気持ちの余裕ができ、新たな出会いが生まれることが循環につながります。

これを繰り返すことで、運のバイオリズムの振り幅が大きくなり、あなたの運気がどんどん増えていくのです。

陽に触れると、自然の摂理で陰に戻る動きがどうしても出てきますが、モノコトヒトを循環させることができれば、それを恐れることはありません。

たとえマイナスに思えるような出来事が起きたとしても、そこからの学びによって、思いのほか早くプラス（陽）の運気に戻れるようになっていくからです。

そうして、だんだんと大きな運気を引き寄せることができるというわけです。

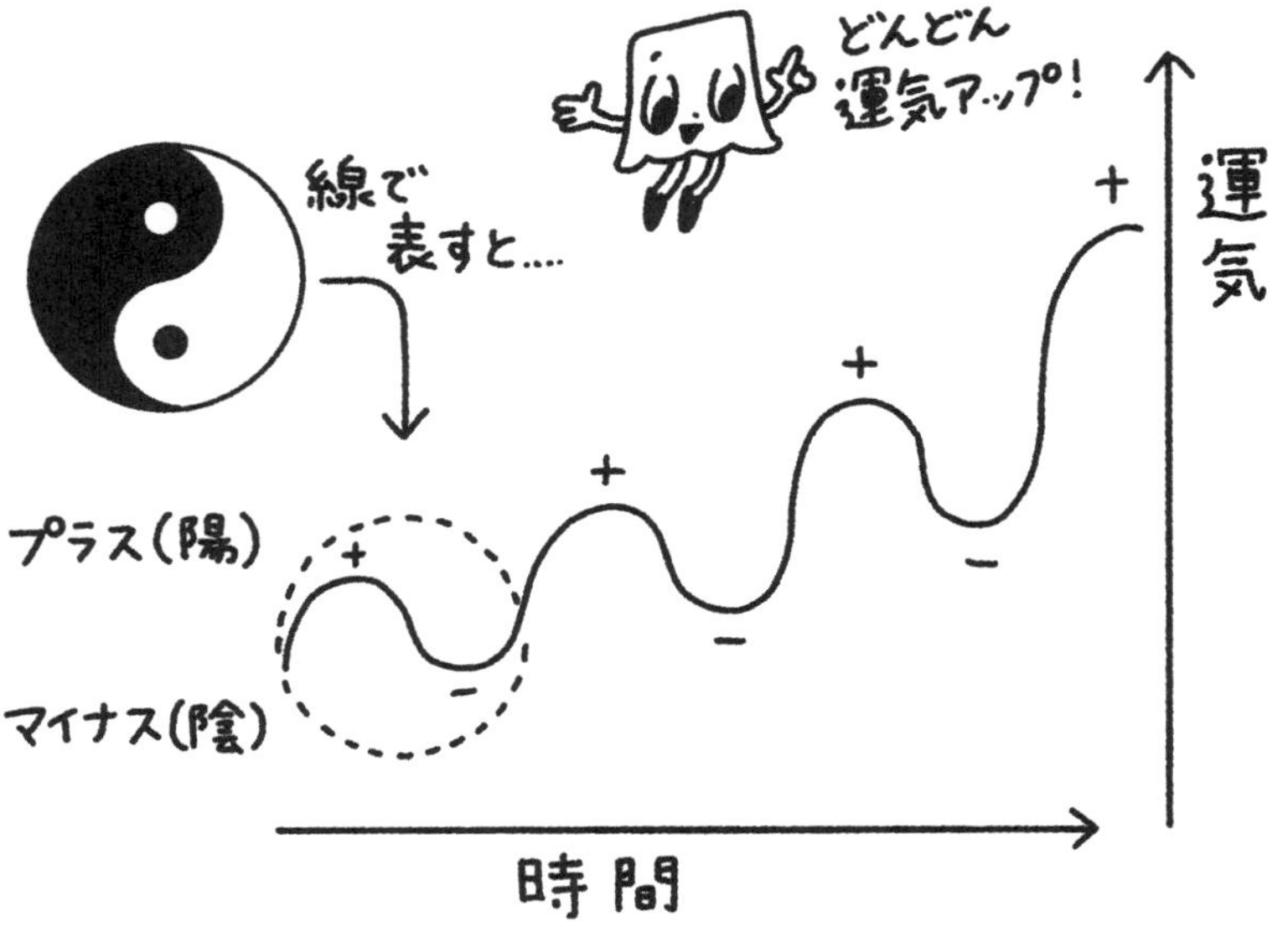

運がずっとよい、ということはない。運には波があり、上がったり下がったりを繰り返し、その体験から得た学びを自分のものにして高めていくことで、運のふり幅はどんどん大きくなっていく。だから、マイナスなことに向き合わずにいると、大きな運を得ることはできないともいえる。

運気を引き寄せる最高の状態とは？

陰陽、つまりマイナスとプラスの体験を繰り返すことで運気は大きくなっていくとお伝えしましたが、最終的には「中庸」を体験することも大切なポイントとなります。

「中庸」は別名、中道や中正ともいい、陰陽どちらかに極端に偏ることのない「ちょうどいい」塩梅を示します。陰陽太極図そのものが中庸を表す図でもあると共に、陰の勾玉、陽の勾玉が交わる間を「中」とみなす思想もあります（84ページ参照）。

中庸を体現・体感するためには、陰と陽の両面を得なければ「ちょうどいい」が見つかりません。

たとえば、相反する男と女が交わらなければ子どもは生まれず、子孫繁栄に繋がりません。太陽と月がなければ、今の地球も人類も存在しません。上と下がなければ秩序が生まれません。

生（陽）まれたら必ず死（陰）があるように、矛盾しているもの同士両面が存在し交わるからこそ、中庸が見つかるのです。

陰、陽、中庸を体験するから運が拓ける

私たちはつい「今すぐ幸せになりたい！」と願ってしまいますが、いきなり大きな運を得ることはできません。

今いる地点を0としましょう。みんな生まれてから0で始まります。そこから人生のさまざまな体験を積み重ねていく過程で、陰（マイナス）に偏るときもあれば、陽（プラス）に偏るときもあるでしょう。

ずっといい、ずっと悪いということはありません。

陰に偏った体験は、大きな運をつかむプロセスの一つ。クリアすれば、さらに振り子は大きくなり、大きな運を引き寄せることができます。

ただ、ここでポイントなのは、中庸にもまた陰と陽があるということ。「ちょうどいい」というバランスがとれているのが「陽」の状態。「このままでいい」という、これ以上の変化や進化が望めないのが「陰」の状態です。

動きがなくなるということは変化が生まれないので、死を意味します。仏教でいえば悟りの境地＝中道というわけですが、得てしまったらそれ以上もそれ以下もないのが中庸の世界でもあるのです。

私たちが生きている限り、**たえず陰と陽を経験し中庸を極めていくのですが、完全停止してはいけません**。

一旦停止や停滞を経験しながらも、また歩みを進めていくことで、あらたな運を引き寄せ、運が拓けていくのです。

人生の扉は一つではなく、幾戸でもあると思ってください。

人生を山に例えてもいいでしょう。人生山あり谷あり、今ある山谷を越えても、また新たな経験を積み重ねられる山が現れるのです。

運は、手放し上手な人に集まる

これまで生徒さんやクライアントさんを見ていても、**風水で効果が出た！という方は、自分の運を拓くことに貪欲な方が多い**です。

自分が欲しいもの、引き寄せたいもの、願いごとなどが明確に決まっている人ほど、運気が好転する予兆が早く現れる傾向にあります。

逆に、そういう思いがそれほど明確ではなく、「何かいいことあったらいいな」くらいだと、なかなか予兆に気づけないようです。

これは風水だけではなく、仕事にも通じることですが、目標や目的が明確で、「こうなりたい」という思いが強い、貪欲な方のところにチャンスはやって来ます。

そして、そういう人たちは、それを見逃さずに、タイミングよく自分の手でつかみ取ることができています。

自分だけ心地いい、自分さえよければいいは運を下げる

ただ、だからといって、自分のことだけを考えていればよいというわけではありません。

たとえば、「私はワクワクすることをするわ！」といって、家庭の経済状況や家族の面倒を無視して、自分が行きたい食事会や旅行ばかりに出かけたら、どうなるでしょう。遅かれ早かれ、その家庭は破綻してしまうでしょう。

「断捨離してスッキリした家に住んで運を上げたい！」と、自分の意見ばかり通しても、運気は上がらず、家族との関係性も悪くなるでしょう。

今あげた2つの例は、どちらも自分の「こうしたい！」という強い思い（＝陽）に傾きすぎており、不運を引き寄せやすくなっています。

だからこそ、周囲との調和を考えた冷静な判断（＝陰）を取り入れ、自分にとっても相手にとっても心地よい中庸を探すことが大切です。

そして、いい運気を引き寄せるには、人と人との理《ことわり》を大事にすることです。

そもそも、私たちはこの世に1人で生まれてくることはできません。両親がいて祖父母がいて、代々のご先祖様がいて、今の自分へとつながっているのです。

風水では、過去・現在・未来、地球から宇宙のすべてがつながっていると考えます。**自分さえよければいいという考え方や行動は、そのつながりを無視し、自分のところでとどめている＝循環させていない**、ということですから、運が下がっても当然なのです。

吉ばかり取ると、凶になる

人生では必ず、悪いこと（＝陰）を体験したらいいこと（＝陽）が巡ってきて、陽を体験したら陰がやってきます。まるで振り子の動きのように、陰陽を体験することで、私たちは自分にとって「ちょうどいい」という感覚を養っていきます。

ですから、何もしないで「ちょうどいい」を知ることはできません。

いいことも悪いこともすべて体験しながら、自分にとっての「ちょうどいい」を見つけていくことを、私は運のトレーニング、略して運トレと呼んでいます。

運をよくしたいからといって、吉ばかり取るのは逆効果です。

吉凶は糾《あざな》える縄のごとしという言葉がありますが、これは風水における理《ことわり》を見事にいい表しています。凶が吉になったり、吉が凶のもとになったりして、この世の幸せや不幸せは、縄をより合わせるように、表と裏をなすものであるからです。

ですから、吉ばかり取っていると、目には見えないところで凶が溜まってしまいます。**いいも悪いも両方を経験することで、自分にとっての「ちょうどいい」を見つけていくことが大切**になります。

自分にとっての「ちょうどいい」が少しずつわかってくると、自分の住まいは？
自分がやるべきコトは？自分が付き合うヒトたちは？など、どの程度が心地よいかも、だんだんとわかってくるようになります。

すると、生きるのが楽になり、本来の自分でいられるようになるため、気が軽やかになって運気も上がり、周囲にもよい影響を与えるようになっていきます。

最初は部屋が片付いていなくても、汚くても、大丈夫。使うかどうかわからないモノが溢れててもよいのです。

いうなれば、これはすで陰を体験している状態だからです。ここから手早く陽にいくために、不要を手放していけばいいのです。

手放したものが大きいほど、返ってくる運は大きくなる

陰陽の考えでいうならば、手放すモノコトヒトの大きさは相関関係にあります。**手放すものが大きければ大きいほど、高価であればあるほど、戻ってくる運も大きい**ということです。

先ほどお伝えしたように、大きく陰に振れれば、そのぶん大きな陽が巡ってくるというわけです。

成功者が波乱万丈な人生を歩みやすいのは、この陰陽の振り幅（＝人生の振り幅）が大きく、経験値に厚みがあるからです。

そのわかりやすい例が、芸能人の方々だといえるでしょう。芸能界に身を置いて、目立つ仕事をする、誰もが憧れる生活をするということは、それだけ運の振り幅が大きいわけです。

もし、自分の運の振り幅を大きくして、得るものを大きくしていきたいなら、その

ぶんの手放しをしていく必要があります。

逆に、大変なとき、どん底のときというのは、大きく変わるときです。

一見ネガティブなことも、後になって振り返ってみれば、「あれがあったから、今の幸せがある」と、幸せの種になっていることが往々にしてあります。

つまり、**今、手放したいモノコトヒトがある人ほど、運気アップの伸びしろがあるということ**。

自分が大きく変わる、チャンスの時と考えることもできるのです。

手放した後は、どんな自分になっていたいでしょうか。

ぜひ、そこにフォーカスしながら、進めてみてください。

「手放す」は家から始める

近年では、「自分の部屋をパワースポットにしましょう」というコンセプトで風水が取り上げられるようになってきました。

パワースポットというのは、その場にいるだけで気（＝エネルギー）の浄化とチャージができるような場所のことをいいます。

確かに風水には、住環境を整えることで、そこに住む人々の気が整うという作用があります。**部屋が整い、気が流れ始めるということは、自分自身の内面が整い、気が満ち溢れることと同じ**だからです。

家にいる限られた時間の中で、自分の心と体についた邪気を祓い、生命力を高める陽気を十分にチャージしたいものです。

家は、「気」の充電装置

私たちは家の外に出て、会社や学校など外の社会で過ごすと、陽の気と同時に陰の気もたくさん浴びます。外の世界では、いろいろなモノコトヒトと出会うので、これは仕方のないことです。

そうやって**外でつけてきた邪気（＝陰気）を家で祓い、自分自身の気をチャージする場合、やはり家は陽気で満ちていたほうがいい**わけです。

手放しがうまくできず、不必要なモノや邪魔なモノがたくさんあると、そこは邪気だらけになってしまい、外で付着した邪気を払えなくなります。

また、ずっと家の中にいたとしても、今はスマホやパソコンの画面を介して、邪気は付着してきます。

そうして邪気まみれになっていると、出かけにくくなったり、やる気がなくなったり、家にずっと引きこもってしまう可能性もあります。

家は、食べる・寝る・くつろぐなど、生活の基盤となる場所であり、本来の自分で過ごせる場所。だからこそ、自分が本当に心から「心地いい」と思える空間にすれば、自動的に運気が循環していくのです。

家の中心には何も置かない

住まいは、運気をよくする土台となる、ということをお伝えしました。人間関係や仕事など、すぐにどうにかできないことでも、住まいならすぐに整えることができます。

ここで一つ、どんな家に住んでいる人にも共通する、部屋の中の気をスムーズに流す風水術をお伝えしましょう。

それは、部屋の中心に何も置かないことです。

風水では、**家の中心を「太極」といい、心臓部となる最も大切な場所**としています。家のパワーが溜まる場所なので、ここにモノがあると、家の気の流れが滞ります。

家全体の中心がどこかを割り出してみましょう。今住んでいる部屋の間取り図に、対角線上に線を引き、×印が交わる点がその部屋の中心です。

ワンルームでも３ＬＤＫでもやり方は同じです（張り欠けが１／３以内である場合は、ないものとして対角線を引きます）。

中心に階段、キッチンやトイレなどの水まわりがあると凶相です。その場合は、第３章で運別にいろいろな場所の対策を紹介しているので、それらを参考にしてください。

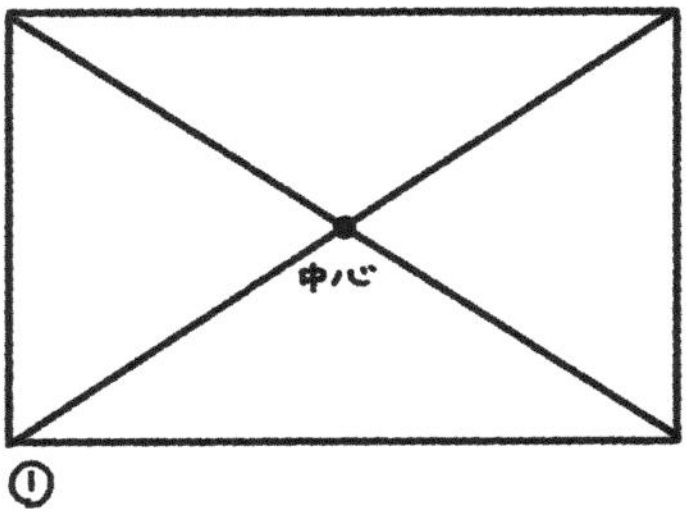

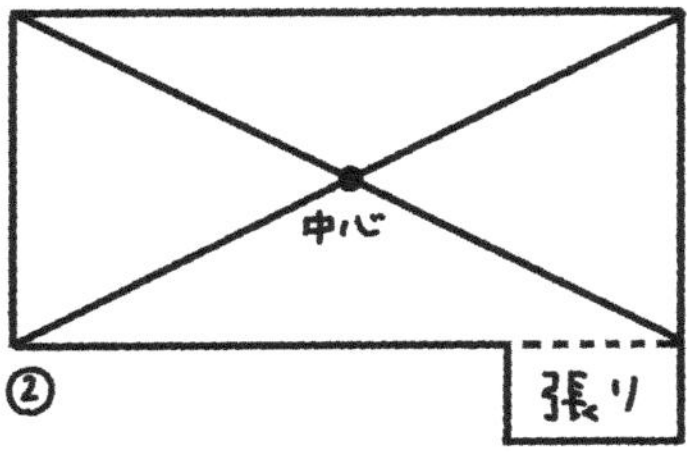

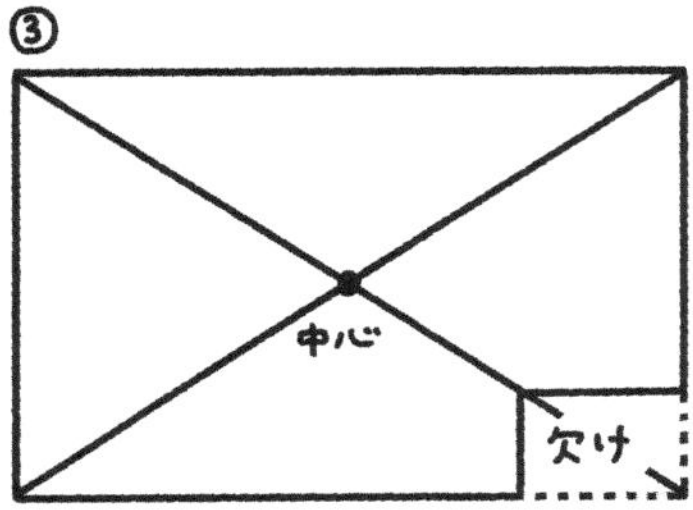

①正方形・長方形・台形等の場合
張りや欠けがない場合は普通に対角線を引きます。
②張りがある（1／3以内）の場合
張りの部分はないものとして対角線を引きます。
③欠けがある（1／3以内）の場合
欠けの部分をあるものとして対角線を引きます。

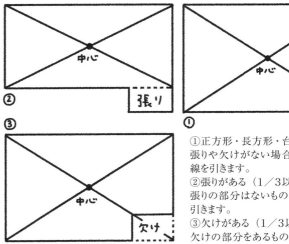

風水で大事なのは、一に寝室、二に玄関

私は風水師として「まずは寝室をしっかり整えましょう」ということを長年お伝えし続けています。**寝室を整えることは、金運、人間関係運、仕事運、恋愛運、健康・美容運のすべてに関わってくる**からです。

一般的な日本の風水では、「玄関が一番大事」といわれることが多いですが、本場中国の風水では、「まずは寝室を徹底して整える」ことを大切にしています。

古代中国で生まれた風水というのは、「陰宅風水」「陽宅風水」「地理風水」の3つがあります。

そのうちもっとも古いのが、陰宅風水です。墓地風水、墓相とも呼ばれ、亡くなった方のお墓＝家を整えることで、後の世で子孫が繁栄することを目的に行われてきました。

一方、「陽宅風水」と呼ばれるのが、私たちが住む家を整える風水になります。

住まいにおいて、自分のお墓に当たる場所が寝室です。

私たちは1日の約1／3、基本的に7~8時間は眠っています。**眠っている間に気を充電しているの**です。

ですから、その寝室を心地いい空間にするだけで、簡単に運気上がります。

常に寝室の床は、きれいに掃除すること。

そして、ベッドの寝具はできる限り、最高のものを揃えます。ベッドや布団、枕、シーツは一番よいものを選びましょう。シーツは通気性がよく、肌にもやさしいシルク製品がおすすめです。

このほか、好みのアロマを焚く、お気に入りのパワーストーンや宝石などを置くのもよいでしょう。

携帯の充電器やテレビを置くのはＮＧです。睡眠の質を下げ、気のチャージを妨げます。
置いておいてもよい電化製品は、空気清浄機、空調や扇風機、目覚まし時計くらいです。まずは寝室をしっかり整えて、家の中でもスペシャルな充電空間にすることから始めましょう。

玄関は、気の出入り口

運気は外からやってくるため、玄関は風水においてとても大切な場所です。外の気と内の気が最初に出合う場であるため、玄関が汚れていたり、ごちゃごちゃとたくさんのものが置いてあると、よい気も嫌気がさして出て行ってしまいます。

玄関で大事なのが、たたきをすっきりときれいに保つこと。

一日中履いた靴の裏には、さまざまな邪気がついています。外から帰ってきて、最初に踏むのは玄関のたたきです。そのたたきが汚いと、邪気が家に入り込んでしまいます。

定期的に掃除をし、水拭きをすること。そして、靴はたたきに出しっぱなしにせず、下駄箱にしまうようにしてください。

また、風水では、玄関マットは穢れを落としてくれるとしています。なるべく明るい色のマットを敷くようにしましょう。

特に玄関は、金運に大きく関わる場所。常に清潔を心がけ、運の通り道をつくりたいですね。

掃除は、手軽にできる手放しの一つ

掃除という漢字は、掃いて除去するという文字になります。外からついてきてしまったり、家の中に要らないモノが溜まったりすることで生じた邪気を祓い、清浄な空間を保つことが、風水における開運の基本となります。

実は、神道で使ってる紙垂《しで》や西洋の魔女が乗っているほうきというのは、すべて邪気を祓うための道具です。

ほうきの場合は、家のほこりやゴミも払うことができますね。**ゴミを「払う」というのは、邪気を「祓う」と漢字は違いますが、意味は同じ**です。

そして、祓うというのは、本書のテーマでもある「手放す」という意味もあります。不要なモノコトヒトの手放しは、同時に家の中や自分自身の内側の邪気を祓い、きれいに掃除しているのと同じことになるのです。

　なかなか手放すことに着手できないときは、まずは家の玄関と窓を開け放ち、空気を循環させましょう。ほうきで掃いたり、掃除機をかけたりして、家の中の邪気を祓っていくだけでも、滞った気を手放して、新しい気を取り入れることができます。

　家の中の掃除は、手軽にできる手放しの一つ。なんとなく気分が重い、最近いいことがない、家の中が居心地悪いというときは、5分でもいいので掃除をして、家の中の邪気を手放していきましょう。

風水は、自分で運をデザインできる唯一の方法

中国で用いられてきた占いには、「命卜相《めいぼくそう》」という主に3つの術があります。「命術」は生年月日、出生時間と場所から、運命や宿命を占います。四柱推命、数秘術、算命学などがあり、基本的な性質、才能をみるのに適しています。「卜術」は神様からの啓示をもらいながら、その事象について占います。タロットやおみくじなどがそれにあたり、日々の運勢や近い将来を占うのに適しています。そして「相術」というのが風水に当たります。モノの姿形からヒトへの影響をみます。風水のほか、手相や顔相もその一つです。

実は中国で本格的に人を占う場合、最初は命術でその人の一生変わらないスペック（性格や考え方、才能など）をみた後、「今のあの人の気持ちは？」「現在の職場との相性は？」などを占うときに、卜術のカードやサイコロを使います。

命術、卜術でみて、最終的に「こうしていきましょう」という対策を考えるのが相術になります。

相術は普段の生活に取り入れやすいので、「なぜ運気上がらないのか？」というお悩みの場合にも対策を考えやすいのが特徴です。

1章からお伝えしているように、風水は環境心理学です。生年月日や生まれた土地を変えることはできませんが、環境は自分で変えられます。

運を天に任せるのではなく、自分で運をデザインできる唯一の方法が風水です。ここに書かれたやり方で、モノコトヒトを手放していけば、必ず運気は上がります。

ただ、本を読んで「なるほど〜」と理解するだけで、何も捨てず、手放さないままでいたら、今までと何も変わりません。

風水的手放しで確実に運気を上げるためにも、ぜひ、次の2つのポイントを押さえてください。

ポイント①　風水をやるときは、明確な目的をもつ

確実に運を引き寄せたいなら、まずは願いごとを明確にします。

この風水を取り入れることで、自分はどんなことを引き寄せて、何を得たいのかを考えましょう。

たとえば、金運を上げたいと思った場合、自分が欲しい金額を明確にします。

そして、「仕事で業績を上げて収入がアップする」「3カ月後には副業が軌道に乗って、フォロワーが○人増える」など、金運が上がるまでのプロセス、金運が上がったときの自分の気持ち、どんな自分になっているかまで、具体的にイメージします。

あくまで、自分が実現できそうな金額をイメージすることが大切です。

そして、3章で紹介している金運アップのためのモノコトヒトの手放しの最中にも、自分の願いごとを思い浮かべながら行います。

ただ漫然と行うよりも、自分がなりたい姿を明確に思い描くことで、気はさらによ

くなり、着実に自分をその姿に近づけていくことができます。

ポイント②　即行動・即実践こそ、即開運

私の講座では、運気を上げるには、「即行動・即実践」ということをモットーにしています。

たとえば、風水本や開運本を買ったとしましょう。その中のすべてを実践するのは大変ですが、その中の1割くらいを試すなら、できるのではないでしょうか。

それで運気アップを実感できなければ、別のものを試してみます。

「これは面倒くさそうだな」「今は忙しいから時間があるときにやろう」と思ってやらないのは、気を停滞させているだけです。

運気は常に動いていますから、自分が動かないとその気には乗れません。

仕事でもなんでも、常に動いている人にはチャンスが多く巡ってくるというのは、

おわかりいただけるかと思います。

特に、**運気がいいときは、動くこと。それによって、さらに運気は高まります。運気が停滞しているときには、人の助けになるよう動く**といいでしょう。そうすれば、巡り巡って自分の運として返ってきます。

3章では、具体的な手放し方法を紹介しています。まずはそのなかから5つやってみましょう。もし自分には合わないなと感じたら、また別のことを5つやってみること。

そうやって今の自分にあった運気の引き寄せ方を知っていくことが大切です。

風水の基本理念

宇宙の万物を構成する「天地人」

風水の基礎を知るためには、中国思想の「天地人」「陰陽五行」「五運六気」を知る必要があります。これら宇宙の理《ことわり》によって、私たちの運は増減を繰り返しているからです。

ただ単に、「西に黄色い小物を置けば金運アップ!」ではありません。

風水という術（学）の本質に触れていただくことで、第3章からお伝えする風水的手放し術をより深く理解していただけるのではないかと思います。

まずは「天地人」の考え方について紹介したいと思います。

天地人というのは、宇宙の万物を構成する3本柱を意味します。

天とは、天文学や天神、宇宙、空などのこと。

地とは、風水学、地理・地質学、海などのこと。
人とは、魂、肉体、気血水、ルーツなどのこと。

天は「暦」という分野で大きな発展を遂げました。これは天命でもあり、自分の力ではどうにも動かせませんし、空を手につかむことはできません。だから空《くう》なのです。地は、地形、川の流れ、草木など地勢を表します。そして海もまた地にあり、地球を構成する大部分であり、人と密接な関係にあります。この「地」から誕生したのが風水で、これは私たちが住む土地に対するよりよい「共生対策」ともいえます。
人は、天と地の理のなかで誕生し、天と地の間の空間の中で人と人が交わることによって、さまざまな運が誕生すると考えます。

この3つによって、私たちが住む世界は構成されているというのが風水の基本理念であり、天と地の気を人のライフスタイルに最大限に取り入れる術が風水になります。限りある人生で、どんな土地で暮らすのか、どんな人とどんな時間を過ごすのかということを、風水の思想をもって運を拓く対策ができるというわけです。

愛新覚羅家に伝わる風水の教え

もともと風水は紀元前の古代中国で発祥し、お墓（墳墓）の祀り方から始まりました。先祖の魂をしっかり供養することで、末代までの繁栄が叶うと信じていたのです。後に国の発展と繁栄を願い都造りに活用されるようになり、さらに住宅にまで用いられるようになりました。

私の祖先である愛新覚羅《あいしんかくら》家は満洲民族で、かつて女真族と呼ばれた少数民族。伝統的なシャーマニズムを原型とした文化を持ち、風水や占いにも長けていました。それは口伝として、祖母から母、母から娘へと伝承されてきたものです。

1章では時代の変化について、2章では風水の基本について説明してきましたが、ゆうはん流風水では、代々受け継がれてきた風水をベースに、現代の暮らしに合う風水術を提案しています。

なかでも大事にしていることが、**「自分自身を環境と見立てて整えること」**。

これは本書で提案している「モノコトヒトの手放し」そのものです。

住環境はもちろん、自分自身の内面を整える具体的な方法も紹介しているので、これまでの風水本ではなかなか成果が出なかった方々にも、その力を体験していただけるのではないかと思っています。

風水では、「天の気」「地の気」「人の気」の3つの気のバランスを保つことで、運気が好転し幸せになれると考えます。「天の気」と「地の気」は、住まい環境によって大きな影響があります。

風水の基本理念

陰の中にも陽があり、陽の中にも陰がある

第2章の「運にはバイオリズムがある」において、風水の概念のベースには、陰陽という考え方があり、この世界のすべては陰陽のバランスで成り立っているということをお伝えしました。

そして、陰にも陽にも偏らない、真ん中の状態を「中庸《ちゅうよう》」といいます。

中庸にはブレない軸があります。

つねにもっともバランスが取れた中庸を目指すことで、環境も、人間も、すべてよい状態に導かれるとされます。

また、完全な陰、完全な陽は存在しません。

陰の中にも陽があり、陽の中にも陰があると考えます。

下の太極図をご覧ください。

黒い陰（太陰）の中に小さな丸い陽（小陽）があり、白い陽（太陽）の中に小さな丸い陰（小陰）がありますね。物事というのは、一見するといいように見えることでも悪いことがあり、最悪だと思えることの中にも光となるものがある、ということをこの太極図は表しています。

ですから、運気がプラス（陽）のときも、反対に運気がマイナス（陰）のときも、どちらに揺れても軸はぶらさないように中庸でいることを心がけるのが肝心です。

陰の性質をもつものは女性、月、冷たい、偶数、裏など。陽の性質をもつものは男性、太陽、暖かい、奇数、表などで、すべての事象は「陽」と「陰」に分類できると考えます。陰と陽は表裏一体のため、別々に存在することはできません。

1章でお伝えした通り、運気がいいからと調子に乗り過ぎたり、運気が悪いからとイライラして自暴自棄になったりするのは、過剰な状態ですので、さらに運気を落とします。

どんなときも中庸でいられれば、心も体も健康で、自分の「ちょうどいい」感覚を保つことができ、さらなる運を引き寄せることができるのです。

運の悪い時期こそチャンスだと思いましょう。

よく占いで「あなたの今年の運気は最悪だから」といわれ、それを気に病む人がたくさんいます。「最悪な時期は動かないほうがいいし、じっとしていなさい」といわれた通りにして、さらなる停滞を招いているのです。

占いの本質は「脅し恐がらせ高いものを売りつける」ことではありません。また動かないことで「回避」する（できる）ものでもありません。

運の悪い時期こそ「どう乗り越えて大難を小難とするか」が大切です。

五行と相生・相剋・相洩について

本書でよく出てくる「五行」というのは、森羅万象すべてのものを「木火土金水《もっかどごんすい》」という5元素に分け、それらが互いに影響し合い、循環して世界が成り立っているという風水の思想になります。

これらの5要素には「相生《そうじょう》」「相剋《そうこく》」「相洩《そうえい》」という3つの相性があります。

相生というのは、相性がよく生み出す関係性です。「木」を燃料として「火」で燃やし、火が燃え尽きると灰となり、それが「土」の養分となり、その土の養分で「金」が生じ、金の表面に「水」が生じ、水を養分として木が育つというように考えます。

一方、相剋というのはバランスを崩し合う関係性です。

「木」は土からの養分を奪い、「土」は水をせき止め、「水」は火を消し、「火」は金を溶かし、「金」は木を切るというように考えるからです。

さらに、相洩というのは、関係のよし悪しに関わらず、度が過ぎることで互いの役割を弱めてしまうという関係性になります。

すべてのモノコトヒトには、気があり、この五行に当てはめることができます。

それぞれどのような性質を持つのか、何と相性がよい・悪いのかということを知れば、運気を引き寄せる対策を考えることができるのです。

木

運気：仕事運、勉強・発展運、対人運
季節：春
象徴するモノ・コト：コミュニケーション、情報、放送、音がなるもの全般、早とちり、木製のもの、縦型のもの、酸味
ラッキーカラー：レッド、グリーン、オレンジ、ブルー

火

運気：恋愛・結婚運、美容運、人気運
季節：夏
象徴するモノ・コト：インスピレーション、社交性、娯楽、プレゼント、出会い、喜び、異素材のもの、三角型のもの、苦味
ラッキーカラー：ピンク、サーモンピンク、ワインレッド、ネイビー

土

運気：家庭運、健康運、相続・不動産運
季節：季節の変わり目に起こる土用
象徴するモノ・コト：礼儀、普遍的なもの、保守、継続、変化を好まない、腰が重い、頑固、四角型のもの、甘味
ラッキーカラー：イエロー、ブラウン、ベージュ、チャコール

金

運気：金運、対人運、事業運、貯蓄運
季節：秋
象徴するモノ・コト：信頼、神聖、伝統、収穫、豊穣、商売繁盛、飲食、ラグジュアリー、宝石や貴石、丸型のもの、辛味
ラッキーカラー：ホワイト、アイボリー、レモン、ゴールド

水

運気：金運、健康運、子宝運、出会い運
季節：冬
象徴するモノ・コト：結婚、パートナーシップ、忍耐、邪気をはらう、健康面では生殖器、波型や異形のもの、塩辛い味
ラッキーカラー：ブラック、シルバー、ペールブルー、ミントグリーン

五行相関図

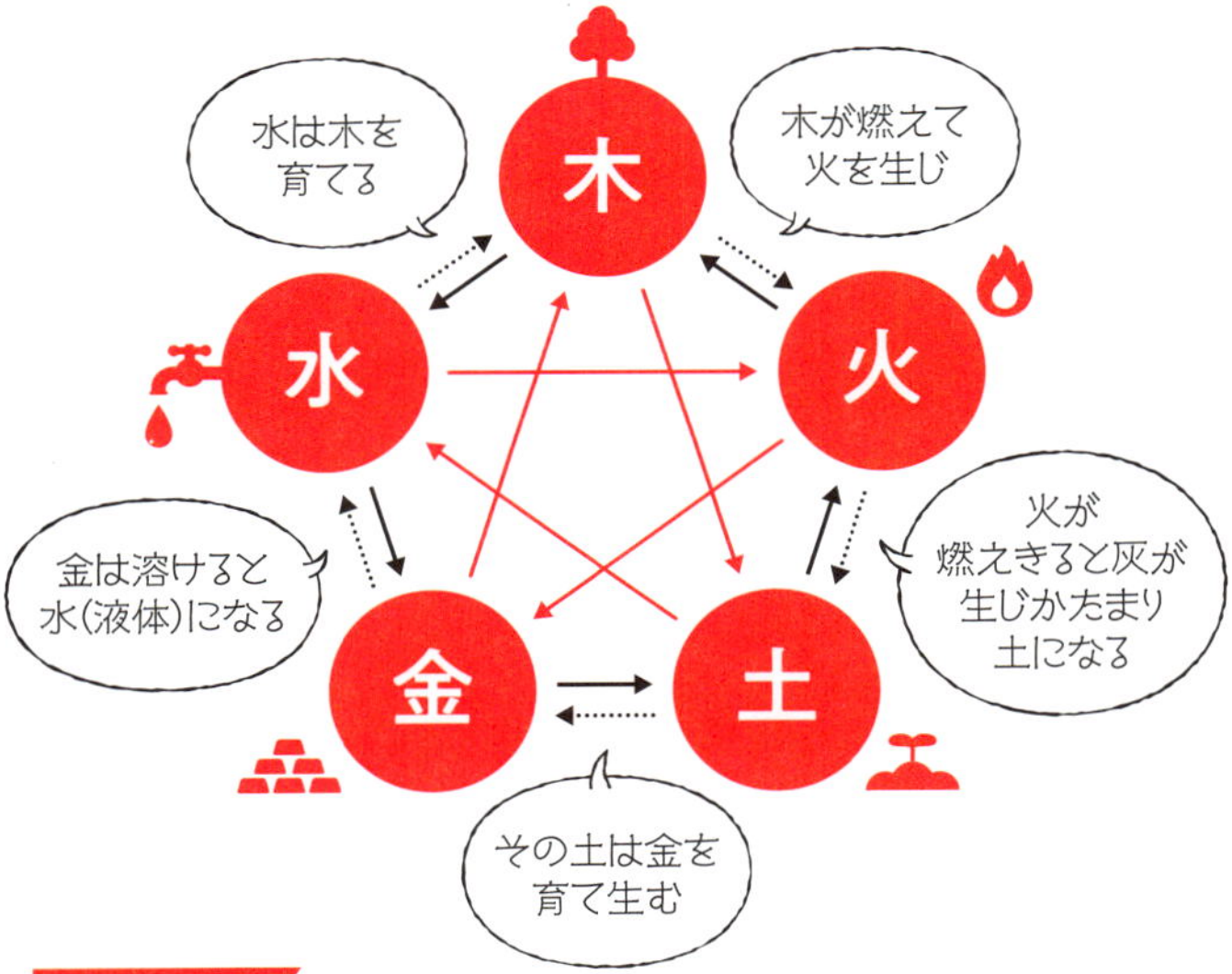

相生の関係 ⋯⋯▶

「木は火を生じ、火は土を生じ、土は金を生じ、金は水を生じ、水は木を生ず」という関係。時計回りに生じる、お互いが助け合う関係のこと。

相剋の関係 ──▶

「水は火を剋し、火は金を剋し、金は木を剋し、木は土を剋し、土は水を剋す」という関係。時計回りに1つ飛んで剋す。互いにやっつけ合う関係のこと。

相洩の関係 ──▶

相生関係でも、過ぎると弱めることにつながることを相洩という。いいことも悪いことも過剰になるとバランスが崩れるという陰陽思想がここにも根づいている。

五運六気とは？

中国伝統医学では、気候と病気を予測する理論として「五運六気」というものがあります。これは、前述した五行にも通じるところがあります。

「五運」というのは「地中」の気象現象の変化を指し、木、火、土、金、水の五行説のことです。

「六気」というのは「天の気（大気）」で、太陽と地球の位置関係によって、1年を風、熱、暑、湿、燥、寒という順で6つの気に分けています。

これらを五運六気とし、風（木）、暑（火）、熱（火）、湿気（土）、乾燥（金）、寒（水）の6つの気に陰陽五行の5つの運を振り分けています。

これらが1年ごとに巡りながら、地中と空間を支配するという循環を繰り返しており、どのように人の体や感情に影響を与えるのかを東洋医学では考えます。

これは中国思想の原点である「天地人」の三才の法則で成り立っていることを軸にしています。

「天」は地があることで存在し、「地」は天があることで存在します。地で起きることは天に反映され、天で起きることは地にも影響を及ぼします。

たとえば、地震雲は天に現れますが、地の震動が天の雲に反映されているだけです。一見すると天だけで作られ起きているように見えますが、天地の動きは常に連動していると捉えてください。

そこに「人」の営みがあり、天地から人は生まれ、生かされています。

陰陽論の根本的な考え方ですが、常に多角的に見て察することで、互いに影響を与えあっていると思ってください。五運六気は、風水はもちろん、四柱推命などの命学の基礎理念にもなっています。

自然万物が移り変わるなかで、私たちの心身もたえず循環し、常に天地人の理において生かされていることを忘れてはいけません。

自然サイクルに合った手放し方も知っておこう

基本的に運気というのは、前述した天地人のバランス、そして陰陽五行、五運六気といった、さまざまな宇宙の法則によって、構成されています。

モノコトヒトの手放しを行う場合、こうした宇宙の流れを活用するとスムーズです。

たとえば、**五行で季節を表すと、「木」＝春になります。この時期は「水」＝冬の間に溜め込んだ不要なものを浄化する時期であり、デトックスに適しています。**

冬の間にモノコトヒトを精査して、春になったら、それらを一つずつ手放していく。「気」の流れに即したやり方なので、自分の気持ちにもあまり無理なく行えるはずです。

実際に、春は入社や異動、退職の時期であり、学生の場合は入学や卒業の時期。さまざまなモノコトヒトを手放す季節になります。

この季節のエネルギーを活用して、手放しを進めてもよいでしょう。

また、暦の流れを利用するのもおすすめです。

とくに日本人の場合、12月31日が大晦日、1月1日が元旦となるので、新年に向かう「気」の流れを利用して、いろいろなことを整理する方も多いと思います。

大掃除のついでに不要になったモノを捨てたり、コトやヒトに関しては、「来年からは距離を取ろう」「今年いっぱいで決着をつけよう」などと思うことから、手放しを進めていくことができます。

気持ちに区切りをつけやすいので、暦に沿って手放すタイミングを決めてもいいかもしれません。

私たちを取り巻くこの世界に流れるさまざまな「気」を活用して、楽しみながら手放しを進め、運気を高めていきましょう。

第3章

実践！欲しい運別・モノコト手放しリスト

風水的・手放すための8つのものさし

モノを捨てる、コトやヒトを手放す前に、精査することが必要です。

この服（モノ）は今の自分に必要か、必要ではないか。

この情報（コト）は自分にとって大切か、大切ではないか。

この友人（ヒト）は、自分を成長させるか、させないか。

この精査がテキパキできると、捨てる・手放すもスムーズになります。


現代に生きる私たちのまわりにはモノやコトにあふれ、SNS上も含め多くの人と接する日々を送っています。

それらを無自覚に取り入れると、気付かないうちにキャパオーバーになり、自分の中に詰まりを起こし、それが澱みとなって不運へとつながります。

そうならないためにも、必要なものとそうでないものを意識的に精査し、不要なものは手放していかなくてはなりません。
ここでは、手放しをスムーズにする8つのものさしについて紹介します。

ものさし①：すべての基準は、自分にある

モノコトヒトを精査する際、一番大事なのは、「今の自分がどう思うか」です。

1人暮らしの場合は、自分の思いだけで精査を進められますが、家族と一緒に住んでいる場合は、自分の一存で決められないこともあります。

その場合は、まず自分はどう思っているかを見つめ、その後に、家族と相談し合いながら、適切な着地点を見出す必要があります。

もし、そうしたやり取りが面倒な場合は、まずは自分の一存で決められるモノコトヒトの精査から、手をつけていきましょう。

自分の中の精査の基準というのは、年代によって変化します。

10代のときは好きだったものが、40代になったら好きではなくなっているというこ

とは、よくあることです。

なかには変わらない好みもあります。好きな色というのは、比較的変化が少ないもののーつといえるでしょう。人間の情緒は5歳までにある程度形成されるといわれているため、当時好きだった色が大人になっても好きということが多々あるからです。

このように、好きという基準は年代によって変わる場合もあれば、変わらない場合もあります。**基本的には、今の自分が「何を好きと感じているか」を大切にしてください。**

そのときに自分が好きと思うものは取って置き、そうではないものは手放す、というのを一つの指針として持っておいてもらえたらと思います。

ものさし②：役割があるか、価値があるか

モノを精査する場合は、それに「役割があるか」どうかを見極めていきます。役割があるというのは、そのモノを定期的に使っているかどうかです。

役割があるモノは、気が宿っていると考えます。使っていないモノは役割がないと

いうことで、死気を持つと考えます。潔く手放しましょう。

なお、役割があるモノでも、使っていくうちに消耗するため、寿命を迎えます。穴が空いてしまったり、破れたりしたら捨てどき。感謝の気持ちとともに手放します。


もう一つの基準は、「価値があるか」です。これはモノに限らず、コトを手放すときの目安にもなります。

たとえば、趣味で集めている人形。使っていなくても自分にとって「価値ある」モノの場合は、手放す必要はありません。きれいに手入れをし、保管しましょう。

ものさし③：自分を成長させてくれたかどうか

嫌いな人、苦手な人がすべて悪縁というわけではありません。

一見、そのように見える相手でも、その状況を俯瞰して見たら、実は自分の学びのために現れてくれていたと気付くこともあるからです。

たとえば、苦手な人に思い切って「ＮＯ」と伝えたら、すんなり受け入れてくれたとき。その苦手な人は、あなたがきちんと自分の想いを伝える大切さを学ばせるために現れたのかもしれません。

つまり、**自分自身が成長することができれば、結果的にはいい相性だった**とみることができるのです。

もし、**ヒトを精査する場合に迷ったら、「自分を成長させてくれたかどうか」という視点を持ってみてください**。すると、悪い運をもたらす人だったとしても、あなた自身を成長させるために現れたと思える人がいるかもしれません。

ものさし④：直感で「いい」と思えるかどうか

不要なモノを捨て、コトやヒトを手放すとき、大事にしたいのが直感です。**素直に「好き」「心地いい」と思えるほうを手元に残しましょう。**

風水では、**直感は風に乗ってやってくるものになるので、部屋の風通しをよくしておく**ことが大切です。

また、直感を鋭くするためには、頭頂にある「百会《ひゃくえ》」というツボを刺激するのをおすすめしています。ここは東洋医学でも天とつながる場所とされており、天から降ってくるメッセージやひらめきが受け取りやすくなります。

ものさし⑤：3回違和感を覚えたとき

何かモノを手放すとき、観察することが大切です。まずはじっくり部屋の隅々まで歩いて観察してみてください。

そして「何年前にこれを、なぜ買ったのか」「なんでこれはここに置いてあるのか」「自分が本当に心地いいと思えているか」「違う場所で役立てることができるか」と自分に問いかけてみましょう。

コトとヒトに関しても、観察が大事になります。

たとえば、相手といるときに自分はどう感じるのかを3回の機会に分けて観察してみて、3回とも違和感を覚えたら、その人は深く付き合う相手ではなくなっているということ。

少しずつ距離を開けていきましょう。

人によっては、相手が自然と去ってくれることもあります。そのときは「私も悪かったのではないか」などと罪悪感に浸るのではなく、「今までありがとう」と、心の中でそっと手放してあげてください。

そのヒトが去ったところに、新しいヒトがやってくるかもしれませんし、数年後にそのヒトがまた戻ってくるかもしれません。

運と同様に、人も巡っています。

循環がなくなれば、運も人も停滞するだけ。手放すことを恐れずにいてください。

ものさし⑥：感謝して罪悪感を手放す

モノを捨てたり、コトやヒトを手放したりするのを、「申し訳ない」「なんとなく悪いことをしている」と罪悪感を覚えてしまうという人も少なくありません。

「勿《もっ》体《たい》無《な》い」という言葉がありますが、元々は「かたじけない」「不都合である」などの意味で使われていました。しかし今は「物の価値を十分に生かしきれず無駄になっている状態」、もしくは「そのような状態にしてしまう行為」を戒める意味で使われています。

だから、捨てたり手放したりするのを躊躇してしまうのでしょう。

捨てる、手放すという言葉も陰の要素を含むため、陽に転じて手放す方が、禍根を残しません。

ですから、**捨てる、手放すときには感謝をしましょう。そうすれば、罪悪感も薄らぐ**はずです。

ものさし⑦：次の人に手渡して循環させる

モノを捨てる場合、廃棄もしくは循環という方法があります。**まだそのモノが使える状態で、捨てることに罪悪感があるのなら、循環させるという手もあります**。

循環というのは、フリマやネットオークションサイトなどに出品したり、リサイクルショップに持って行ったり、誰かに譲ってあげたりすること。自分にとって不必要だったモノでも、誰かが必要とするモノに生まれ変わることで、運も循環させたと考えることができます。

もしあなたが中古品を買う場合、注意してほしいアイテムがあります。

家や車など大きなものや、宝石や天然石です。こうしたモノは人の意識や念が入り込み、浸み込みやすいからです。

購入する際は、どこの国でどのようにして出品された石なのか、前の持ち主はどのような人だったのか、どのような経緯で売りに出されているのかなど、背景をしっかり把握したうえで購入を考えてください。

ものさし⑧：自分を責めず、流れに任せる

このカップは、みんなと旅行に行ったときのものだから……

この情報は、いつかまた必要になるかもしれないから……

いつもつまらない話ばかりする人だけど、あのときお世話になったから……

「モノコトヒトを手放すときは、感謝すればいい」といわれても、なかなか手放せないという人は、きっと心の優しい人。捨てられない自分はダメだと、責めないでください。

責めるよりも、流れに任せることがポイントです。

すぐに手放せなくとも、タイミングがやってきます。引っ越しや異動をきっかけに手放す、「今だったんだな」と捨てざるを得ない状況が巡ってくるなど、自然に任せてみるのもいいでしょう。

もし、それでも自己嫌悪に陥った場合は、思い切って好きなモノを買う、好きなヒ

トと好きなコトをするのがおすすめです。

手放したのに、また増やすのか……と思うかもしれませんが、その新しく手に入れたモノはあなたが今必要としているモノ。手放すモノは、今のあなたには必要でないモノです。

今のあなたが好きと感じるモノで埋めていくと、心が満たされ、手放すことへの罪悪感も軽減するかもしれません。

また、人の力を借りて、一緒に手放したりして気持ちを分散させることで、達成できることもあります。

実際、すぐに手放せるという人の方が少ないです。自分だけかもしれないと恐れず、心を開いていきましょう。

金運UP!手放しリスト〈モノ編〉

ここから、実際に手放していくモノやコトについて、紹介していきます。

まずは、お金の巡りをよくするために、手放していきたいモノです。

なるべく早く手放してほしい優先順位としては、紙モノ、枯れた植物、欠けたモノ・割れたモノ、人形・ぬいぐるみ、財布となります。

もちろん、これらすべてのモノを手放せば、金運の巡りはアップし始めますが、一つずつ取り掛かるというのもＯＫ。その場合は、まずは紙モノから着手してみてください。

紙モノ

お金は紙幣でもあるように、金運に一番関係しているのが、紙モノです。風水的に、手っ取り早く金運を上げたいなら、不要な紙類は捨てることです。

紙モノは五行でいう「木」の気をもっており、金運や仕事運に大きく影響します。

木は湿気を吸い込みます。風水では、水をコントロールすることが開運につながりますので、湿気はＮＧ。

紙モノを捨てずにいると、**湿気とともに陰の気をため込むことになり、運気を低下させてしまう**のです。

紙類とひと口にいっても、チラシ、ダイレクトメール（ＤＭ）、書類、本や雑誌など、さまざまな形態がありますが、**気を付けたいのがチラシやＤＭ、書類**。気付くと、ポストに入っていたチラシ、封を切っていないＤＭなどが、玄関やテーブルの上に溜

まっていませんか。不要なモノは、その場ですぐ捨てること。

また、子どもが学校からもらってくるお知らせや職場のお知らせなど、書類で手元にまわってきたモノも、できるだけ早く確認し、確認したらその場で捨てます。

もし、**取っておく必要がある場合は、ＰＤＦや写真を撮るなどしてデータとして保管**するのがおすすめです。なお、電子化されたデータは仕事運に関係してきますので、仕事運のところで詳しく説明します。

本や雑誌について、「仕事で必要」「コレクションしている大切なモノ」であれば、それは自分にとって「役割がある」モノですから、置いておいても問題はありません。きれいに保管しておきましょう。

けれど、なんとなく買ったけれどいつ読むかわからない、もしくはすでにもう読んでしまって、今はもう興味がないモノは潔く手放すこと。

紙類で意外ととっておきたくなるのが、紙袋やデザインが可愛い箱。こちらも年に何回か精査し、捨てるように心がけましょう。

財布

財布は、お金のおうちです。

そう考えると、おのずと財布がどんな環境であるのがいいかわかりますよね。

基本的に財布は毎日使うものなので、意外と消耗が激しいモノです。**財布は五行では「木」に属するものが多く、革は「火」に属します。特に布は邪気の吸収率が高いため、財布の寿命は、最大２年**と覚えておいてください。

ただ、高級ブランドやお気に入りの財布で、もっと長く使いたいという場合は２年以上使ってもＯＫ。その場合はメンテナンスをして、きれいに保つようにすること。

定期的に財布を変えるのはちょっと……という人には、いくつか持っておくことをおすすめしています。私自身、お気に入りの財布をいくつか揃え、季節ごとに変えています。

ただ、このように工夫したとしても、財布に穴が開いたり、ファスナーの動きが悪くなったりしたら、それはお金のおうちが壊れているということ。

金運が上がらないどころか、金運を下げてしまうので買い替えがベストです。

また、お金の臭いというのはかなり独特なもの。**不快な臭いは風水的に邪気を寄せ付ける**と考えるため、財布に臭いが染みついたと感じたときも、捨てどきです。

よく、金運を上げるためには、財布にはレシートや紙類のカードを入れないようにといわれますが、これらは先ほどの紙類と同様、邪気を吸収しやすいので、必要ないモノはすぐに捨てましょう。１日の終わりに財布から取り出し、財布に入れっぱなしにしないことが大切です。

基本的に財布の中身は、紙幣と小銭、銀行カードやクレジットカードなど、最低限のモノだけにして、**お金が居心地いいと思える財布にすると金運が高まります**。

お札入れ、小銭入れ、カード入れと小分けに分散しても大丈夫です。その場合、紙幣と相性がよいのは「木」なので布製ですが、耐久性を考えると外が革製で内が布製のほうが長持ちするでしょう。

小銭入れやカード入れは、小銭が「金」、カード類はプラスチックや金属も付属されているものなので「火」の革がおすすめです。相克の関係性ですが、火が加わることで変化をもたらしお金を循環させます。

枯れた植物

観葉植物は五行でいう「木」に属し、「陽」の性質を強く持っています。「木」は植物の木そのものを表し、養分を吸収し大きく育つという性質があります。

風水において、自然のエネルギーを受けて成長するものは大きな力を持つという考え方がありますから、土から栄養を吸収しぐんぐん育つ観葉植物は、発展、成長を促し、いい気を巡らせるアイテム。

金運は、楽しくて豊かなエネルギーをとても好みますから、観葉植物は金運アップ

にうってつけのアイテムです。

しかし、お部屋に取り入れるには注意が必要です。

きちんと手入れされた観葉植物であれば、いいエネルギーを与えてくれますが、**枯れた植物は、退化・衰退のエネルギーである死気を発します**。これが家の中に放置されていると、部屋全体の気がたちまち下がってしまうのです。

生もの（生命があるもの）はお金との関係性が強く、これらが枯れたり腐ったりすると、金運を枯らしたり腐らせたりすることにもつながります。枯れた植物は、早めに手放しましょう。

なお、ドライフラワーも乾いていて生気がないため、風水的には、陰の気を発すると考えます。手放したほうがいいでしょう。

どうしても手放せない場合は、ホコリなどが溜まらないように、きれいに手入れしながら飾りましょう。

欠けたモノ・割れたモノ

食器は、基本的に丸い形状のものが多いですが、**風水では丸いモノはお金を連想させ、縁起がいい形**とされています。

なかでも陶磁器は、「土」のエネルギーを持ち、「金」を生み出すと考えられています。そのため、**欠けたり割れたりした食器は、気の流れが悪くなり、金運を下げてしまう**ため、なるべく早く手放しましょう。

ガラス食器が持つのは「水」のエネルギーです。花瓶やガラスカップ、ワイングラスなどは、水性のものを受ける器です。五行の「水」と「金」は相性関係にあり、お金との縁があります。陶磁器同様に、欠けや割れは使い続けずに捨てましょう。

人形・ぬいぐるみ

昔から、人形やぬいぐるみは、身代わりとして使われたりしてきました。神社などで大祓《おおはら》いの際に使われる、紙を人の形に切り取った「形代《かたしろ》」と呼ばれるものがあります。これに名前を記入することで自分の気の一部を移し、神社などに送って、身代わりとして、お焚き上げなどで邪気払いをしてもらえるというものです。

人形やぬいぐるみにはこれと似たような作用があります。

可愛がるうちに、**人形やぬいぐるみは持ち主の念が宿りやすく、気を吸い取り、さらに「もっと可愛がって」と周囲の気を吸い寄せようとします。すると、持ち主の念や気を吸われることで運が低下し、お金の循環も滞るようになる**のです。

とくに布製だったり、毛がたくさんあるものは、陶器やガラス製の人形などよりも気を吸い取る力が強いので、注意が必要です。

手元に置く人形やぬいぐるみの数の目安は、３～５体までにしましょう。

幼少期に自我を育てるため、子どもに人形やぬいぐるみを与えることもあります。この場合は、自我を育てるための役割を要した知育アイテムでもありますから問題ありません。

子どもというのは大人と違って気が充満しています。吸い取られたとしても、すぐにチャージできるので心配はありませんが、部屋中あふれるくらい人形がたくさんある場合は、家族全体の金運を下げてしまうので注意が必要です。

なお、コレクターや作家など、人形やぬいぐるみを使って仕事をしている方々の場合は、これらを使ってお金や生活を生み出しているので除外します。

金運UP！手放しリスト〈コト編〉

風水などいろいろ試しているのに、なかなか金運が上がらない場合は、次のようなコトが滞っているからかもしれません。

トイレ掃除をしたり、「ない」という思考を手放したりするのは、今からすぐできるコトなので、ぜひ取り入れてみてください。

トイレを掃除する

トイレはつねに水が溜まっているため、家の中でも陰気が溜まりやすい場所。

金運を手っ取り早く上げるには、トイレ掃除で邪気を手放すコトが大切です。

トイレ全体を掃除するわけですが、**基本的に家の中の邪気というのは、最後は床に溜まっていきます**。

ですから、とくに**念入りに行いたいのは、トイレの床やマット、スリッパ**です。

マットやスリッパは、衛生的にだけでなく、その悪い気を吸い取ってくれるモノ。定期的に除菌したり、洗濯したりして清浄に保ちましょう。

洗濯機で洗うときは邪気が移るのを防ぐため、ほかの洗濯物と一緒にせず、トイレセットだけで洗います。

また、便座の蓋を開けっぱなしにしていませんか？

トイレは常に水が溜まっている状態から、水＝陰気・邪気を生み出し、それらが空間に充満しています。用を足したら必ず

トイレの蓋は閉じましょう。

また、トイレに長い間置いていた飾り物、絵などを別の部屋に飾るというのは、陰気を移すことになるので、基本的には避けます。ただ、少し飾ってみて、合わないからやめようとほかの部屋に移すくらいであれば大丈夫です。

「お金・時間がない」ないない思考を手放す

「お金がないから……」「なかなか時間がなくて……」と、ついいってしまいがちですが、時間は作るもので、お金は生み出すもの。両方とも流れているもの＝循環しているものです。

風水では、循環させることが運気を上げると考えます。それだけに、**「ないない」といい続けていると、気を停滞させます**。

また、脳は「ない」に強く反応し、つねにお金も時間もないと感じるようなシチュエーションをつくり出そうとします。

「ある」と口に出す、書き出す

これを防ぐには、「時間はある」「お金ならある」と自分で自分に暗示をかけて、脳にインプットさせていくことが大事になります。

自分で自分にいうのが一番ですが、**口に出すのが恥ずかしい人は、日記や手帳などに書くといい**でしょう。書くことは、風水的にも吉。書いたものを毎日眺めるだけでも、意識を変えることができます。

覚えておいてほしいのは、**お金が欲しい、お金が好きという思いにネガティブな気持ちをもってはいけない**ということ。そういう思いは金運を遠ざけます。

お金は、素直な人が好き。

お金が欲しい、お金が好きという思いに素直になってみましょう。それだけでも、お金の巡りはよくなっていきます。

足を動かして金運を呼び込む

「ない……」という思考に取りつかれていると、体の中でも変化が起こります。

「ない、ない」という思いが体内に澱のように溜まって血流が悪くなり、むくみやすくなるのです。とくに足首まわりやふくらはぎがだるくなったり、むくみがひどくなったりします。

私たちの体もまた環境として見立てると、体の中の滞りは気の滞りです。

お金は循環するモノやコトに縁起があります。足首やふくらはぎのマッサージをする、定期的にウォーキングするなどして血液と気を流しましょう。

人間関係運UP!手放しリスト〈モノ編〉

風水では、キッチンが人間関係運を司るといわれています。五行でみると、水まわりや冷蔵庫は「水」、コンロや炊飯器、電子レンジなどは「火」を表します。五行の中でも相反する2つの要素が1カ所に集まっているので、2つのバランスが重要。そのため、**キッチンは気が乱れやすい場所**ともいえます。気を乱さないためにも、火に属するモノ、水に属するモノ同士で整理することが大切です。

さらに水＝女性（陰）、火＝男性（陽）であり、互いに正反対の性質を持つため、キッチンが汚れていたり、いらないモノがたくさん溢れていたりする家は、夫婦げんかや、男女関係での揉め事が多い家になります。

この状態を放置すると、互いに悪影響をおよぼし、人間関係運を低下させてしまいます。家族との折り合いが悪い、職場での人付き合いが苦手、ママ友との付き合いが煩わしい……という方は、キッチンまわりのモノの手放しから始めましょう。

サビ・カビ・腐っているモノ・賞味期限が切れたモノ

キッチンの汚れとして多いのが、この4つです。

冷蔵庫の中に、傷んだ食品、賞味期限が切れた調味料などは入っていませんか？

これらは、**不衛生であるだけでなく、穢《けが》れとなります**。

穢れとは「気枯れ」ともいいます。

穢れは長くその場にあるほど邪気を発し、それが死気となって空間全体の気を滞らせます。気付いたらすぐに掃除と処分をすることです。

災害を想定して、ついついストックを増やしがちですが、賞味期限切れがないか、こまめにチェックをしましょう。

水まわりには、サビやカビも現れやすくなります。これらも穢れとなります。

五行の中でも「水」は、周囲の環境に合わせて、熱湯、水蒸気、冷水、氷などさまざまな形に変わりますが、**「水」に属する水まわりや冷蔵庫周辺が穢れてくると、そこに住む人の柔軟性が失われ、人間関係運にも悪影響をおよぼします。**日頃から清潔に保つように心がけてください。

使わない調理器具・保存容器・便利グッズ

キッチンには、使わない調理器具や保存容器、食器、便利グッズなどが、いつの間にか溜まってしまいがちです。

使っていないということは、そのモノ本来の役割を発揮できていないということ。風水では、使っていないモノ（役割を与えられていないモノ）＝死気を発するゴミということになります。

たとえば、余分なプラスチック製の保存容器。**プラスチックは五行でいう「火」に属しますが、水まわりに「火」のモノが多すぎると、キッチンの気のバランスが悪く**

なります。

キッチン用品は、木製や金属製のものがおすすめ。五行バランスに偏りがないように気を配ってみましょう。

お箸

実は中国では、お箸《はし》は人間関係運に影響があるとされています。

箸というのは2本で1セット。2本が同じ長さだからこそ、使い勝手がいいわけですが、どちらか一方の端が折れて欠けたら、物がつかめなくなります。

親子や家族を象徴するモノでもあるため、これが折れたり欠けたりすることは、家庭内に不和が生まれる不吉なことだといわれています。

お箸は長いので縁起モノであるのと同時に、**寿命にも関係していると考えられ、折れて欠ける＝健康を害する**ともいわれています。折れたり欠けたりするのはもちろん、塗装が剥がれてきたりしたモノも、なるべく早めに手放し、新しいものに取り替えましょう。

基本的にお箸は家族の人数分だけあればＯＫ。ストックに1セット程度用意しておきましょう。

ただし、来客用のお箸はまた別なので、きちんと保管されていれば大丈夫。もしくは、使い捨ての割り箸などで対応してもよいでしょう。

冷蔵庫上の電子レンジ

ワンルームなどの場合、冷蔵庫の上に電子レンジを置くこともあると思います。

けれどもこれは、**五行でいう「水」にあたる冷蔵庫の上に、正反対の性質である「火」にあたる電子レンジ（もしくはトースター、炊飯器など）を置くことになるので、対人面での摩擦を生み、人間関係運を下げてしまいます**。

ですから、重ねないのが第一。どうしてもそうせざるを得ない場合は、間に木の板を挟むのをおすすめしています。五行でいうと、水と火の摩擦を中和するのが木になるからです。
サイズを測ってホームセンターなどで好みの木の板を切ってもらい、それを挟むとよいでしょう。

ただ、冷蔵庫の構造上、上から熱気が逃げる仕組みになっているので、その部分を全部木で塞いでしまうと、故障の原因になりかねません。金属のラックを一緒に購入し、その上に木の板を載せ、その上に電子レンジを置くようにします。

人間関係運UP！手放しリスト〈コト編〉

人間関係運をよくしたいなら、住まいの穢れ（汚れ）と、澱《よど》み（詰まり、ヌメリ）をきれいにし、自分の中に積み上がっていた思考の穢れ（悪口や誹謗中傷）と、澱み（固定観念やいい訳）をなくすこと。

モノ編と同様、キッチンの掃除も肝心です。

キッチンの換気扇・排水口を掃除する

換気扇と排水口は、キッチンの上部と下部の気の流れを司っています。風水的な見方をすると、**排水口は水を流し、換気扇は風を通すことで邪気を祓います。**

キッチンというのは、私たちの生命維持に欠かせない、料理を作る場所です。つまり、生気を扱っているところになります。

そこに、**ヌメリや油汚れが溜まると、死気のほうが強くなり、人間関係運を下げてしまいます**。そうならないよう、こうした汚れを手放す＝清浄に保つことが大切です。

「でも・だって・どうせ」を手放す

運をよくしたいと願うクライアントさんにお伝えしているのが、「でも・だって・どうせ」の３Ｄの口癖の手放しです。会話の中でよく使う言葉ですが、人間関係運を上げたいならいわない方がよいでしょう。

「でも、私はこうだから……」「だって、私はお金ないし」「どうせ、自分には無理だから」などは、否定や後退です。

風水では、物事が流れていることがいいとされますから、これらの言葉では当然、よい気を呼べるはずありません。

また、これらの言葉は自分で自分を貶めたり、否定したり、誰かあるいは何かのせいにしたりする、陰のエネルギーをはらんでいます。

自分を貶める、卑下するということは、自分で自分をないがしろにしているということ。1章でもお伝えしましたが、自分が気持ちよくいられなければ運気は下がりますし、自分が満たされていないと、他者を大事にはできません。

会話しながらネガティブな要素を呼び込み、人間関係運を自ら下げてしまうのです。

「無理・できない」を手放す

これらの言葉を使いそうになったら、一度言葉を止めて、すぐに手放してください。

「お金がなくてできない」ではなく、「お金を貯めてやりたい」に。

「自分には無理だから」ではなく、「私にできる範囲でやってみたい」に。

今すぐには無理でも、遠い未来に叶うのだと、前向きな言葉に変換してみましょう。

そうすることで気がよくなり、周囲の人間関係も好転していくはずです。

「悪口・誹謗中傷」を手放す

今の情報化社会において、悪口、誹謗中傷というのは、自分ではいわなくてもどうしても目についたり、耳に入ってきたりしてしまいます。

自分が発さなくても、これらの言葉を浴び続けると、気がよくない方向に向いてしまうので、その都度、ミュートし手放すようにすることをおすすめしています。

自らも悪口や誹謗中傷言動が多いなと気付いたときは、それらにさらされ続けていないか、周囲の人間関係もそのような人たちの集まりになっていないか確認してみましょう。そこから距離をおくことで陰湿な気を減らせます。

水をイメージして流す

簡単でおすすめなのが、五行の中の一つである「水」を思い浮かべることです。

悪口や誹謗中傷で脳内が汚染されたように感じたら、目を閉じて水の流れをイメージしてみてください。これを繰り返すことで、脳内に入ってきた負の情報をクリアにすることができます。

もしくは、寄せては返す波、流れていく美しい川などの映像を見たり、自分のスマートフォンの待ち受け画像を水関連の写真にしたりするのもよいでしょう。

紙に書いて浄化する

もし、自分の中で荒ぶる思いを誰かに聞いてほしいと思ったら、**SNSで発散するのではなく、紙に思いのたけを書く**こと。SNSでは自分が削除したとしても、その投稿はデジタルタトゥーとして、永遠にどこかに残ってしまうからです。

ノートなどに書き綴ったら、そのページを破り捨ててもよいですし、シュレッダーにかければきれいに破棄することができます。もし、庭などがあり、安全に燃やすことができるのであれば、炎で燃やしてしまってもよいでしょう。

このようにして思いを浄化（消化）することで、気の流れをスムーズに保つことができます。

仕事運UP!手放しリスト〈モノ編〉

仕事運に関わるアイテムで、手放したほうがいい優先順位の高い順に挙げると、古いデータ、スマホ・パソコン・ゲーム機・家電、枯れた観葉植物、靴・靴下、時計です。仕事を通じて自分らしく幸せに生きるためにも、潔く手放して仕事環境を整えましょう。

古いデータ

金運のところでも少し触れましたが、データというのは、もともと紙類だったものが、ＰＤＦやｗｏｒｄなどにデータ化されたもの。不要なデータ＝不要な紙類ですから、それらを持ち続けていると、金運、仕事運に影響が出ます。

風水は環境心理学ですから、**パソコンやスマートフォン内の状態と脳内は連動している**と考えます。

視覚的に乱雑で整理つかないモノが、そのまま脳内にも反映しているとイメージしてみてください。思考の整理は現実の整理にもつながるように、不要なデータを削除することで脳内がクリアになり、仕事の効率化にもつながると考えます。

とくに、**デスクトップにファイルやデータのアイコンが散らばっているのはNG。企画力や発想力を失います**ので、不要なものは削除します。

簡単に削除できないモノは、ハードディスクやSDカード、USBなどに移動しておくのがおすすめです。

デスクトップを整理するだけでも仕事運

が整います。ぜひ試してみてください。

そして、数か月に一度、最低でも**年に一度はデータの大掃除をする**ようにしましょう。使わなくなった古いデータが散らばったままだと、翌年にさまざまな気を引き継いでしまうことになります。

私の場合、２０２３年、２０２４年というようにデータを分け、それぞれをハードディスクに落として保管しています。最近ではインターネット上でデータを保存できるクラウドで保管するという方法もありますね。

スマホ・ＰＣ・ゲーム機・家電

多くの個人情報が入っているため、古いスマホやパソコンを捨てられない人も多いですが、仕事運を高めるなら、これらも手放していきましょう。

電気にも気があり、五行の「木」に属します。木行は仕事運を司ることから、スマホやパソコンは仕事運に影響が強くでます。

使わないデータを残しておくということは、過去の気を溜め込むということ。壊れた電子機器はそのまま放置せずに捨てる、早めに買い換えるなどしましょう。もし、家電ショップなどで下取りしてもらうのは不安という場合は、かなづちなどでハードディスクを叩いて壊すという手もあります。そのうえで、不燃ごみなど行政が指定するゴミの種別に分けて捨てるのが安全です。

その次に手放したいのが、不要になったゲーム機と家電です。意外に思われるかもしれませんが、**ゲーム機も電化製品なので仕事運に関わります**。先ほどのスマホなどと同様、ハードディスクをかなづちで破壊して、ゴミとして廃棄することをおすすめしています。

また、家具・家電・小物でも、部屋に置く位置によっては家や人の運気に強く影響を与えます。

方位でいうと、**五行の「木行」は東と東南が吉方位。この方角に、家電や通信機器（テレビ・パソコン・ゲーム機器）を置くといい**でしょう。

少しスピリチュアル的な話になりますが、これまでの風水相談の傾向でいうと、**電化製品の不具合が連鎖して起こる場合、3パターンのメッセージがある**と捉えています。

1つめは、その人に転機が訪れているということ。「なんらかのターニングポイントに差しかかっていますよ」というお知らせになり、この場合は引っ越しや転職など、自分自身を移動させることで解決していきます。

2つめは、負の念を送られている、恨みを買っているという場合です。電磁波と一緒に、そういうものが飛んでくることがあるので、心当たりがある場合は、前述の人間関係運アップの項目も、ぜひチェックしてみてください。

3つめは嫌な感じの「虫の知らせ」です。身内が亡くなった、天災の前触れ、まもなく悪い運気がやってくるなど、防ぎようのない状況が起きそうなときです。

枯れた観葉植物

金運の項目で枯れた植物が運気を落とすとお話ししましたが、実は仕事運にも関わっています。

植物は五行「木」に属し、上へ上へと伸びていく特徴があるため、仕事上での昇進、昇格にも関わるとされています。その植物が枯れたまま放置されていたら、昇進や昇格、その人自身の成長がそこで止まってしまいます。

戸建ての場合は、庭の樹木や草花の中に枯れたものがないか注意してみてください。枯れた葉っぱや枝なども放置せずに、カットや剪定をして除去しましょう。

靴・靴下

靴は、外に出て新たな出会いを得て経験を積むモノとして、風水では成長や発展の意味を持つとされ、仕事運に影響します。

かかとがすり減ったり、破れたりしていませんか？　リペアに出すか、捨てるかして清浄な気を保つようにしてください。

革製の靴は丈夫なので、定期的にリペアすれば、長い間履くことができます。

なお、靴というのは仕事道具であると同時に、ステータスを表すアイテムでもあります。とくに中国では、靴が汚い人＝仕事ができない人とみられることもあるので、靴はつねにきれいに保っておきたいものです。

さらに、靴と関係の深い**靴下も、仕事運に作用します**。穴の開いた靴下は、すぐに捨ててください。穴が開くということで、仕事運だけでなく金運も下げてしまいます。

時計

置時計、腕時計を含め、すべての時計には進化、発展、成長という意味があり、仕事運に関わってきます。もし時計が狂っていたり、止まっていたりしたら、すぐに修理に出すか、破棄しましょう。

また、**時計が室内に多すぎるのも問題です。時間に追われる・管理される気が入ってきやすくなりますので、１つから３つ程度にとどめておきましょう**。

コレクションしている腕時計は、箱にしまってあれば問題ありません。

手帳・カレンダー

手帳やカレンダーは時計と同様、五行の「木」に属し、発展や仕事運と関係します。古い手帳やカレンダーを取っておくと、**過去のことにとらわれてしまい、新しい気が入ってくるのを妨げてしまいます**。年末に手放すようにしましょう。どうしてもとっておきたい手帳は、たまに見返すようにし、手帳に役割を与えるようにするといいでしょう。

カレンダーを置くなら、リビングや書斎がおすすめです。NGなのは、寝室、トイレ、玄関、キッチン。なぜか急かされる、焦らされるような出来事が増えてしまうので、注意してください。

また、年末年始になると、頂き物のカレンダーが溜まってくると思います。時間に追われてイライラしながら仕事をしたくないなら、不要なカレンダーは早めに捨てましょう。

仕事運UP!手放しリスト〈コト編〉

日々、忙しく仕事をしていると、さまざまなコトが澱のように私たちのまわりに溜まっていきます。これらをそのままにしておくと、「やる気が出ない」「ミスを連発してしまった」「ストレスを感じる」など、仕事運を低下させる出来事が増えていきます。最近、仕事の調子が今ひとつと感じているときは、次のようなコトを手放してみてください。なんとなく重苦しかった気持ちが軽くなるでしょう。

「他人の目を気にする」を手放す

「人からどう思われるだろう」と、つねに外側にアンテナを張るのは、仕事の場においてが一番多いので、風水では仕事運に影響するコトと捉えます。

他人の目を気にすると、いい気が集まりにくくなる、ともいえます。「あの人からどう思われるだろう」と、基準が他人軸になっているからです。

1章でもお伝えした通り、これからは自分軸を大切にする時代。**自分軸で判断していかないと、自分の心地いい環境は作れません**。

あなたに対する他人の感情を、あなたが左右することはできません。他人がどう思っているかより、自分はどう思っているかに焦点を当てたほうが、運気もよくなるし、精神的にも健全なのです。


「チャレンジしたい」「楽しそうだからやってみたい」。直感や自分の素直な気持ちを大事にして取り組んでみてください。そうすれば、人はついてきますし、運も向いてきます。

実際、成功している人を見ると、目先の利益や周囲の視線にとらわれず、自分がどう思うかを積み重ねて成功を収めています。

他人軸で生きていると、つい「〜だったから」と、モノコトヒトのせいにして、体験からの学びを放棄しがちです。失敗があっても自分の学びの一つとしてとらえていけば、必ず仕事運も上がっていきます。

見えないところを掃除する

人によっては自分軸で生きることに対し、「これは私のわがままなのではないか」などのジャッジが湧いてきて、遠慮してしまう人もいると思います。

そういうときは、部屋の四隅やソファやタンスの下など、あまり目につかない場所の掃除をしましょう。

ふだん手入れが行き届かない場所をきれいにすることで、これまで自分の中に溜まっていた思い込みを手放すことにつながり、自分軸を取り戻せるでしょう。

指先のケアでいい気を集める

爪はきれいですか？ささくれたり、荒れていたりしていませんか？自分ではさほど気にならなくても、指先は人の目によくつく部位。**風水では、運気は指先に集まってくると考えられています。**

また、自分軸を示すものが指でもあります。

親指には指導力を高め、夢や目標を実現へと導く、薬指は恋愛や結婚、小指には女性性や秘密を表すなど、指にもさまざまなジンクスが宿っています。左右によっても意味合いが変わります。私たちの手指にはそれだけパワーがあるということなのです。

ネイルのデザインやカラーにも、開運カラーやモチーフを取り入れることで願いを引き寄せやすくなります。

過去のお仕事で、ある雑誌の編集長の結婚運をアップさせるという『開運ネイル企画』で、ゴールインに結びつけた経験があります。私自身、あまりにも早く効果が出たのに驚きましたが、その後、妊活ネイルに切り替えると、それもすぐに叶いました。**仕事運と相性がいいのは、ブルー系やグリーン系のカラーネイル**。ハンドクリームでつねにきれいに整えて、いい気を集め、自分軸を取り戻し、仕事運を高めていきましょう。

「〜べきという固定観念」を手放す

「一般的にはこうだから」「親（や先生）にこう教わったから」「これは常識でしょう」など、自分の中の固定観念が強いと、仕事運はなかなか発展していきません。

風水では、「流れている」「循環している」ということが大切ですから、**固定観念に縛られている＝動いていない、ということで運気が逃げていってしまいます**。

人生の中では、こうした保守的な考えに入る時期があってもよいのですが、もっとステージアップしたい、今よりも広い視野で仕事をしたいと望むのであれば、こうした枠から外れるチャレンジが必要です。

運には波があるとお伝えしました。ある一定のところに凝り固まっていては波には乗れません。これまでの自分の価値観や基準とは外れていても、「今ここだ！」と思ったときに乗ってみること。それが運をつかむ秘訣です。

耳をもんで柔軟性を取り戻す

耳というのは、情報が入ってくる部位でもあります。

なかなか**自分の中の固定観念を取り払えないときは、耳を揉むのがおすすめです。よい情報が巡ってくるようになり、チャンスが増えます。**

人の話を聞けない人にも有効です。人の話を素直に聞けるようになることで、新たな人間関係にも恵まれます。

東洋医学的には、手と同じように耳には全身の経絡があるといわれ、血流がよくなり、自律神経を整えるのにも役立ちます。

東南に風の通り道をつくる

情報と関係する方位は、東または東南になります。

部屋の中で、この方角を遮るように背の高いタンスや棚などがある場合は、ほかの場所に移動させ、東や東南に向けて風通しをよくします。東または東南に大きな窓があると、仕事運向上にも繋がりますね。

もし**この方位に何かを置くとしたら、背の低い家具や観葉植物などがおすすめです**。**テレビやラジオやスピーカーなどの音が鳴るもの、音楽とも相性がいい**ので設置してみましょう。

「後悔」を手放す

「なぜ、あんなことをしてしまったのだろう」「あのひと言をいわなければよかった」「自分のせいで、こういう結果になってしまった」などの後悔の念。思わず、はぁ……とため息をつくような後悔は、最終的に自責につながります。

風水の考え方では、**自分を責める行為は、気を減退させることになり、仕事運にも影響を与えます**。イメージ的には、自分の気を下げて蓋をしてしまうという感じです。

思い出すと辛くなるから忘れようとしたり、見なかったことにしたりして、気を後退させてしまうのです。

時間軸でいうと、この状態は「過去」に生きてしまって、「今」に生きていません。そのため、本来なら進むべきことが進まなくなるために運気が滞り、循環が生まれません。この状態が続くほど、仕事の成長や発展に支障をきたしてしまいます。

便秘改善で負の詰まりを取る

こうした状態を体でたとえるなら、腸に大便が詰まった状態、つまり便秘です。

私はよく「体＝ちくわ」といういい方をしているのですが、口に入ったものは、基本的に排出しなくてはいけません。

医学的な見方をすると、この循環が機能しなくなる＝死を意味します。死ぬ直前になると、一切の消化器官の機能が失われていくため、食べなくなり、出なくなり、栄養がいきわたらないため、死を待ち受ける態勢に入っていきます。

これと同じような状態が便秘なのです。**性格的にがまん強かったり、後悔をしがちだったり、自責の念が強かったりする方は、腸の調子が悪い傾向があります。**

腸の手入れは、運の手入れにもつながるのです。

排水管・クローゼットを掃除する

人間の腸を部屋の中でたとえると、排水管になります。

また、腸は内臓でもあることから、クローゼットもそれにあたります。

過去のことを思い出して後悔することが多い人は、排水管やクローゼットに詰まったモノ、溜まったモノを手放しすることで後悔の念を昇華させ、仕事運を呼び込むことができます。

恋愛運UP！手放しリスト〈モノ編〉

恋愛運を高めるために手放したいモノを**優先順位の高い順にあげると、服・下着、写真・思い出のモノ、お守り・お札、歯ブラシ、布製品（寝具、枕、タオル類）**になります。必要のないモノは早めに手放して、素敵な恋愛を大いに楽しみましょう。

なお、既婚者の場合は恋愛運ではなく、人間関係運を高めることにつながります。

服

風水において服は、自己表現をするツールの一つと捉えます。ですから、デートに行くときに着飾ったり、自分自身をよりよく表現したりできるので、たくさんあってもいいと考えています。

ただ、クローゼットに入ったまま**2年間、袖を通していない服は、手放しどき**といえます。

　所有する人間が役割を与えていない、もしくは動きを与えていない状態が2年間続いたモノはゴミと同等化してしまいます。

「自分はこういう服を買っても着ないんだな。次はもう、買わないぞ」と学びを得たら、「うちに来てくれてありがとう」と感謝しつつ、手放しましょう。

　もし、2年以上経ったモノでも、久しぶりに着てみたら「意外といいかも！」となることがあるかもしれません。この場合は、その服に生気を与えたということなので、引き続き着続けてあげれば、手元に置いて

おいてOKです。

そういう意味でも、**服を手放すときは、一度着てみてから手放す**のがおすすめです。

それでも服の片付けが苦手な方は、１着購入したら、クローゼットから１着捨てる工夫をすると溜まりづらくなります。

なお、冠婚葬祭で使う礼服や着物などは、これとはまた別です。出番が来るまで大切に保管してください。

下着

下着は、私たちの一番大切なところを隠し、肌に一番長く触れているモノです。そのため、**風水的には、私たちの素の部分が露呈する恋愛運に関連する**とみなします。

また、下着は直接肌に触れて汗や皮脂を吸い取ると同時に、**自分から発せられる邪気を吸収するので、さまざまな穢れを一番吸い取っているモノ**です。

もう何年も履いてヨレヨレだったり、ゴムが伸びたりしているショーツでは、邪気を吸い取ってはくれません。今すぐ手放して、新しいものと取り替えてください。

下着は消耗品だと思って、半年から1年を目途に新しいものに買い替えていくほうが、恋愛運を高めることができます。

写真

以前、付き合っていた人との写真や思い出のモノをなかなか捨てられない人も多いようです。たしかにそれは、幸せだったときを思い起こさせてくれるモノですが、今付き合っている人とのものでなければ、過去の遺物。今すぐ手放しましょう。

風水的には、そういうものを手元に置いておくと、未来に向けて進めなくなると考えます。なぜなら執念や執着が湧いてきて、過去に留まり続けてしまうからです。

すると、自ら新しい恋を探そうという気持ちが湧かなかったり、新しい出会いがやってきても気付かなかったりして、ますます恋愛から自分を遠ざけてしまいます。

写真の場合、紙焼きのモノならば、破いて捨てること。データで残っている場合は、意を決して消去しましょう。こうするだけでも気分がすっきりして、未来に向かう一歩を踏み出しやすくなります。

宝石・ぬいぐるみ・思い出のモノ

念がこもるので早く手放したいのが、宝石や天然石、人形やぬいぐるみです。とくに塩を撒くなどの儀式は必要ありません。所定のゴミの日に手放しましょう。「楽しかった。ありがとう」「たくさん学ばせてもらった。ありがとう」と、感謝の気持ちを伝えて、捨てることが大切です。過去への執着を手放すと同時に、新たな恋愛運が動き出します。

宝石や天然石などの石類もまた念が宿りやすいので、リサイクルに出す、気にされない方に譲るなど、工夫してみるのもよいと思います。

頂いたプレゼントに罪はありませんから、気にならないなら使い続けてもいいのですが、次の恋につながりにくくなり、似たような人を引き寄せる可能性もあります。

お守り・お札

よい出会いがありますようにと、いろいろな神社仏閣でお願いして、お守りやお札をたくさん持つことは、恋愛運を下げてしまうので注意してください。なぜなら、たくさんのお守りやお札を持つということは、願いが分散してしまうからです。

もし、たくさんのお守りやお札があるようでしたら、神社に持って行ってお焚き上げをしてもらうとよいでしょう。

神社に行く時間がない方は、それ専用のゴミ袋を作り、「今までありがとうございました」と感謝を伝えてから、所定のゴミ収集日に出すという方法もあります。

神頼みしているということは「空から何かいいことが降ってこないかな」と思ってる状態。ある日突然、曲がり角で爽やかなイケメンとぶつかって、そこから恋に落ちる――そんな少女漫画のような出来事は、ほぼありません。

けれど、なぜかそれを心待ちにしている方が多く、いつの間にかいろいろな神社巡りが趣味になり、結婚が遠のいてしまっています。

「神様がきっと私に合う人と巡り合わせてくれる」という願いは大切ですが、神様と結婚するわけではないので、神社巡りもほどほどが肝心です。

よい人に巡り合いたい、今付き合っている人とのご縁を大切にしたいということであれば、**神社やパワースポットを１つだけ決めて、何度もそこに足を運んだほうが効果的**（233ページ参照）。

そのうえで、婚活パーティやマッチングアプリに挑戦してみるとよいでしょう。風水や占い鑑定をしている中で、そういう人たちのほうが、現実的によい出会いをスムーズに引き寄せています。

歯ブラシ

歯ブラシは金運のところで説明したお箸と同様、２人暮らしであれば４本、４人暮らしであれば8本など、今使っている分とその替えがあれば十分です。旅先、出張先のホテルでもらった使っていない歯ブラシは、掃除に使うなどして、処分しましょう。

風水的にはたくさんある歯ブラシを処分しないままでいると、浮気や不倫などの悪縁を招くと考えます。

とくに男性の場合はこの傾向が顕著に出るので、家の中に歯ブラシが増えてきたと感じたら、必要な分だけ残して、あとは捨ててください。悪縁が生まれる前に風水を活用して、その芽を摘み取っておきましょう。

寝具・枕・タオル類

お付き合いしている人はいるけれど、ケンカが絶えない、一緒にいても心地よくない、結婚に踏みきれないなどの悩みがある場合は、古くなった寝具、枕、タオル類を手放して、新しいモノと入れ替えてみてください。

風水において、**布製品は、縁を司るモノ。人から出る邪気を吸い取ってくれる消耗**

品でもあります。

洗濯すればある程度、邪気は落ちますが、変色していたり、ほころんだりした古いタオルや寝具は、溜め込んでしまいます。新しいモノに替えることで、新たな恋愛運の流れを呼び込むことができます。

また、恋愛を一歩進めるというのは、自分の可能性を広げるということ。そのためには、まず自分自身の気が高まっていなければなりません。そうなると、家でいかにエネルギーを充電できるかが大切。

家の中で**パワーの充電に関連するモノは、寝具や枕**です。これらを新調し、寝室を心地よい状態に整理することで、より効果的に充電できるようになります。

恋愛運UP!手放しリスト〈コト編〉

いい出会いが欲しい、この恋愛をよい形で続けていきたい。そんなふうに思って努力はしているけれど、なかなか現実はうまくいかない。もしかするとそれは、これまで自分が積み重ねてきたさまざまなコトが邪魔しているからかもしれません。

そんなときは、次のようなコトを手放してみてください。また新たな恋愛の運気が流れ込んでくるはずです。

玄関・窓まわりを掃除する

出会いや縁は、玄関から入ってきます。

出会いの「出」という漢字は、外と内をつなぐ媒体を表しており、家においては最初の運気の入口である玄関がそれにあたるからです。そのため、よい出会いに恵まれている人は、玄関がきれいです。

一方、靴が散乱している、段ボールが置きっぱなしになっている、ベビーカーなど車輪がついているモノがある玄関は、悪縁を呼びこみます。

不要なものは手放し、定期的に玄関のたたきを水拭きして、清浄に保ってください。

また、**恋愛が長続きしない、不倫や二股が多いという場合は、出会いのもう一つの出入り口である窓をチェック**してみてください。

部屋の一番メインの窓です。ガラスが曇っていたり、桟にほこりやゴミが溜まっていませんか？　そうした汚れを手放すコトで、よいご縁を呼び込めるようになります。

「自己否定」を手放す

「私はスタイルが悪いから」「私は可愛くないから」「私は仕事ができないから」といった、自分の自信を削ぐような言葉。自分が心地よくなければ運は拓けず、さらには自分に自信がなくなり、恋愛運も下げてしまいます。

「私はスタイルがいい、可愛い、仕事ができる」と念じ、自分で自分を守りましょう。

頭のケアで「天の気」とつながる

風水的な観点からいうと、**自己否定を手放し、自己肯定感を育むには、体の中でも首から上の頭部のケアが有効**です。

なかでも一番のおすすめは、ヘッドマッサージです。東洋医学では頭頂にあるツボを「百会《ひゃくえ》」といいます。百が会うという文字通り、全身の経絡が交わる場所とされ、私たちはここを通じて天の気とつながっているといわれています。

就寝前やお風呂でシャンプーをするときなどに、頭皮全体をほぐし、指の腹で軽く

「百会」を押すだけでも自己肯定感を高めるのに役立ちます。

美容室で髪をきれいにカットしてもらったり、自宅で丁寧にトリートメントしたりするのもよいでしょう。

枕の位置で自信を取り戻す

風水において人間の頭部を家の中で表すと、寝室、枕になります。

安眠や健康という意味では、北側に枕を向けて寝る北枕がよいのですが、**自信を取り戻したい、自己肯定感アップしたい場合は、女性は南に、男性は東に頭を向けて寝るのが効果的**です。

また、自分の頭や首のカーブに合わせた枕に新調したり、枕カバーをこまめに洗ったり、古いものだったら思いきって買い替えるコトも有効です。

枕カバーの色は、暗い色よりも明るめの色がおすすめ。清潔感のある白やパステルカラーにしてもよいでしょう。

健康・美容運UP!手放しリスト〈モノ編〉

年齢を重ねても、いつまで美しく、健康でありたいものです。

とくに女性は50歳前後に更年期を迎えることで、体や心の状態が大きく変わります。

近年では、男性にも更年期障害があることが取り上げられています。

風水において、**健康・美容運を上げるために、手放したいモノを優先順位の高い順にあげると、化粧品、バスグッズ、タオル・ハンカチ**です。

古くなったものや不要なものは手放し、美しく年を重ねていきましょう。

化粧品

基礎化粧品は薬事法に則って作られていますが、使用期限は未開封であれば3年程を目途に設定されているといわれます。オーガニックな化粧品であれば数カ月で使い切らないといけないことも。

使用期限がまだ切れていなかったとしても、使っていて違和感を覚えた場合、その化粧品は手放しどき。変色した、匂いが変など**劣化した化粧品は、陰の気をまとっています。それを顔につけたら、美容運、健康運を下げてしまうことにつながります。**
また、つい溜まりがちな化粧品サンプルやサプリメントも同様です。使用期限が切れていたり、使っていないモノは、早めに手放すこと。

基礎化粧品ではなく色物のコスメなどは、そのときに流行っているモノを取り入れてみるのが吉。毎日同じメイクよりは、違うメイクを取り入れることで、停滞しがちだった気を動かしてくれます。

カミソリ

風水では、**水場と刃物の相性は大変悪く、刃を出したままのカミソリを浴室に置いておくのは、健康・美容運を下げる**といわれます。危険ですし、すぐにサビて使えなくなってしまいます。サビはマイナスのエネルギーを発します。

カミソリは、洗面台の引き出しに入れておき、使うときだけ出すようにしてください。どうしても置かないといけない状況にあれば、蓋やカバーをし、刃先が見えないようにバス用の小物入れなどにしまっておきましょう。

バスマット

人の邪気というのはホコリと一緒で、下に溜まっていきます。バスマットは布製なので、邪気も吸い取りやすいモノ。バスタオルと同じ頻度で、日々洗濯をしてきれいなものを使うようにしてください。

珪藻土のバスマットは乾きが早く、天然の土からできています。本来、水と土は相反するものですが、珪藻土は吸放湿性が高く、火にも強いので、運気アップによさそうですが、水分を吸収しにくくなったら取り替えどきです。

とはいえ、50cm以上の大きなものだと粗大ごみとして出さなくてはならず、面倒。布製のバスマットの方がこまめに洗えて、古くなったら捨てるというサイクルにしやすく、手放しやすい＝気の循環をしやすいかもしれませんね。

ダークトーンのバスアイテム

浴室は邪気を祓い、健康運・美容運を上げる場所ですが、陰の気がこもりやすい場所でもあります。黒やグレーなど、ダークトーンの洗面器、椅子、シャンプーボトルを使うのはＮＧです。

水は色でいうと、黒。水場まで黒っぽい色のものを使うと、黒×黒で陰に陥ってしまいます。

白、アイボリー、ピンクなど、明るいペー

ルトーンのものを取り入れてください。陰の気が払われ、健康・美容運が高まります。

タオル・ハンカチ

バスタオル、フェイスタオルなどは、汗・水分を吸い取るだけでなく、自分から出る邪気も同時に吸い取っています。ですから、衛生面だけでなく、毎日洗って邪気払いをしたいところ。

毛羽立ってきたり、使い心地が悪くなったりしたら、思いきって捨てて新しいモノに取り替えましょう。

バスタオルやフェイスタオルは同系色で揃えておくと、なおよしです。統一感があることで、気が整います。

健康・美容運ＵＰ！手放しリスト〈コト編〉

美容・健康には、体のメンテナンスだけでなく、心のケアが重要です。最近、体調がすぐれない、顔のくすみやシミが気になる、眠りが浅いなど体調の変化を感じたら、心にも問題がないか振り返ってみましょう。

風水的には、掃除をしたり、妬みを手放したりすることで、健康・美容運を高めることができます。

浴室・洗面所を掃除する

家の中で健康・美容運をもっとも左右するのが、浴室と洗面所。金運にも大きく関係があります。**一番は排水口の詰まり、ボトル裏のヌメリはこまめに取り除くこと**です。

また、湿気がこもりやすいバスルームや洗面所は、カビや汚れが発生しやすい場所。

つねに換気をよくして、邪気が溜まらないようにします。

よい香りでリラックスできることから、浴室でヒノキが使われたりもしますが、木製のモノはしっかりと手入れをしないと、逆に運気を下げてしまうので注意が必要です。

木製のアイテムではなく、プラスチック製や陶器なら、すぐに乾いてサビやカビが発生しにくいので、掃除が楽になります。

メイクは洗面所でしない

朝、シャワーを浴びた後、洗面所でそのままメイクをする方がいますが、これは健康・美容運にとってはマイナスです。**五行でいうと洗面所は「水」、メイクは「火」の作用が強いため、真逆の性質を持つ**からです。

メイクをする場合は化粧台など、洗面所とは異なる場所で行うようにしてください。

なお、風水で美容によい方角は、南か南西になります。メイクをするときは、南または南西に向かって行うと、健康・美容運アップにつながります。

「嫉妬」を手放す

「あの人は私よりも才能がある」「私よりも仕事の成績がいい」「私よりも愛されている」と、人はいつも誰かと比べがちです。その根底にあるのは、自分に自信がない、認められたいという想い。

ただ、**つねにそのような思いが自分の内側に渦巻いていると、健康・美容運を損なってしまいます**。

「うらやましい」と思うことは悪くはありませんが、それが煮つまると次に湧き出るのは、「あの人なんか不幸になればいい」といったどす黒い感情です。心の中にこうした思いがあると、陰の気を発するようになり、人間関係にも影響を及ぼします。

ただし、嫉妬心は人の心の常でもありますから、自己嫌悪に陥る必要はありません。

そうなってしまった際には、次に紹介する方法で気を流しましょう。

排水口を掃除する

嫉妬は自分自身の成長のバネにもなりますが、どうしても頭から離れない場合は、キッチンやバスルームの排水口のヌメリをきれいにするのがおすすめです。

風水の観点からいうと、そういうものを手放すには、排水口などと同じように陰湿な、ヌメリを感じるところの手入れが必要になります。**家の中のヌメリを掃除して取り去るコトで、心の中のヌメリともいえる嫉妬も浄化**していきましょう。

「ありがとう」で浄化させる

人に対する妬み、嫉《そね》みがなかなか手放せないときは、「ありがとう」という言葉を使って、負の感情を浄化していきます。

といっても、誰かに「ありがとう」というのではありません。今日1日がんばって生きた自分に「ありがとう」という言葉をかけてあげてください。

少しスピリチュアル的な話ですが、風水では、世界のすべてはつながっていると考えます。モノもヒトもコトも、そして魂もです。

ですから、1日1回、夜寝る前に自分に対して、「今日も1日、頑張ってくれてありがとう」と、自分を褒めてねぎらう言葉は、世界のすべてにもつながっていくというわけです。

自分に向けた「ありがとう」は、自分自身の気を高め、穢れを浄化する力を持っています。自分に向けていうので、最初はあまり効果がないように感じるかもしれませんが、毎日行うことでポジティブな気持ちになり、健康・美容運を高めます。

ぜひ、寝る前、もしくはお風呂に入ってホッとしているときなどに、深呼吸しながら自分に対して「ありがとう」と声をかけてみてください。

デリケートゾーンをケアする

妬みの感情というのは、東洋医学でいうと腎・肝、最終的に生殖器系に影響するといわれています。

東洋医学で腎は恐れ、肝は怒りを意味します。それが澱のようにたまり、子宮系や前立腺など生殖器系の部位に病気が現われやすくなるようです。

もちろん、それが全ての原因ではないので、生殖器系の病があるということは嫉妬深いからだと自責する必要はありません。傾向として心あたりがある人は意識してみましょう。

生殖器系のケアとしては、生理不順など月経トラブルがある場合は婦人科に行って改善する。もしくは定期的な健診として婦人科に通って、子宮筋腫や子宮頸（体）がんなどをチェックするのもおすすめです。

最近ではデリケートゾーン専用のオイルやクリームなど、フェムケアのアイテムもいろいろ出ているので、そういうものを使うのも一つの手です。

「不規則な生活習慣」を手放す

健康・美容運を高めるには、これまでの生活習慣を見直し、改善したほうがよい部分を手放していく必要があります。

なかでも気をつけたいのが、**食事と睡眠**です。現代人はとかく睡眠不足、栄養過多もしくは栄養不足になりがちです。

風水では、自然からエネルギーをうまく享受することで、自分の中によい気を満たしていくと考えます。**自然＝季節の流れに沿った生き方、太陽が昇り沈むという地球の自転や宇宙の理に合わせた生き方をするということが大切です。**

就寝時間、食事の時間を決める

風水的に起床と就寝時間は、できるだけ毎日同じにするのが吉。

本来であれば、日の出とともに起きて、日が沈んだら就寝準備に入るというのが理想的ですが、忙しい現代人がこのペースで生活するには無理があります。

自分のライフスタイルに無理のない時間

を決め、規則正しい生活をすること。

できれば、午前中、日光の光を浴びるようにしてください。太陽のリズムに合わせることで、エネルギーを受け取ることができ、運気を高めてくれます。

医学的にも日の光を浴びることは、免疫向上につながり自律神経を整えるとされていますね。

また、**食事の時間を決めることも同様**です。医学的な考えでは、食事を毎日同じ時間にとると体のリズムができ、健康につながると考えます。仕事や付き合いで時間が前後する場合もあると思いますが、基本的には食事の時間は同じにしておくほうが、体のリズムが整い、気の巡りがよくなります。

さらに、**旬の食材はもっともいい状態で収穫されているので栄養価だけでなく、陽のエネルギーに満ちています**。季節のモノを取り入れて、運気アップにつなげましょう。

スケジュールに余白をつくる

ついついスケジュールを詰め込み過ぎていませんか？

不眠や肌荒れ、食欲不振などの症状が出たら、体からのSOSサイン。少しでも自分を労わる時間をつくりましょう。

キャパオーバーすると、自律神経に影響し、免疫力を弱めます。**弱った体は、さまざまな邪気に影響されやすくなるため、外には出ず、家でゆっくり休むことが肝心です。**休息をとることは、健康・美容運によい影響を与えますし、次にやってくる仕事運、人間関係運、恋愛運なども掴みやすくしてくれます。

ただ、運気的にいろいろなことが活性化し、ここが頑張りどころという時期もあります。たとえば、疲れても楽しく感じたり、やりがいを感じたりする場合です。このような流れに乗っているときは、運気の高めどきですから、少し無理をしてでもそのまま突き進んでいきましょう。

運気の波が落ち着いたら、自分をリフレッシュさせるコトを大切にしてください。

引きこもりがちを抜け出す

リモートワークや出前サービスなどが普及してきたことで、家から一歩も出なくても、快適に暮らせるようになりつつあります。

ただ、家に引きこもっていたり、会社で1日中デスクワークで座りっぱなしだったりして、体を動かさないでいると、体の血流も滞ってしまいます。この状態が続くと体はむくみ、運気も停滞してしまいます。

体をとにかく動かす

風水でいう気の通り道＝龍脈は、体でたとえると血流。血流を促すことが運気を巡らせることにつながります。

デスクワークが続いたら1時間に一度は立ち、トイレに行ったり、休憩時間には外に出て日光を浴びたり、足・首肩のストレッチをしたりして体を動かしましょう。

また、運は人が運んでくるものですから、誰かと食事に出かける、スーパーに行って店員さんと話すだけでも、運気は動き出します。

空気を入れ替える

１日中窓も開けずにいると、空気がこもるだけでなく、気が澱みます。
風水は「蔵風聚水《ぞうふうじゅすい》」ともいい、風にも水にも陰陽があると考えています。できるだけいい風＝いい空気を取り入れて、澱んだ悪い風＝悪い空気を排気しようという思想です。

そのためには、換気が重要です。いい風をコントロールすれば、新たな運気も舞い込んできます。

窓を開けて空気を入れ替える、仕事の途中で**深呼吸をする、ミント系のアロマオイルを嗅ぐなどして、部屋と脳の気をリフレッシュさせましょう**。

すべての運UP！手放しリスト

ここまで金運、人間関係運、仕事運、恋愛運、健康・美容運を高めるために、手放したいモノコトの説明をしてきました。

ここでは、すべての運に関わる手放しリストを紹介します。それぞれの運別の手放しをさらに強化したい方、まずはとにかくすべてをスッキリさせたい方は、ここから試してみてください。

寝室を掃除する

風水では玄関が大事とよくわれます。もちろん、玄関はとても大切な場所ですが、**全体的な運を上げるという場合、私がもっとも重視しているのは寝室**です。

なぜなら寝室は、私たちの気をチャージする大切な場所だからです。

まず、朝起きたら窓を開けること。太陽の光とともに、新しい空気を取り入れて、寝室をはじめとする部屋の中の気を循環させてください。**体にたまった1日の邪気は、寝ている間に出ていき、逆に、家の持つ運気は寝ている間に体に入っていくとされています**。

ですから、朝は必ず、空気の入れ替えをすること。そして、寝室は掃除して、場を清浄に保つことが大切です。

とくに邪気は下に溜まっていくので、床の上が乱雑にならないようにしてください。寝室を清浄に保つことで、気のチャージが効率的に進むようになります。

また、**ベッドのシーツや枕カバーなども、毎日取り換える**のがベスト。難しい場合は、3日おき、1週間おきなど決めて、自分が取り入れやすいペースで換えるようにしましょう。

「デジタル」を見直す

脳は人体における大切な司令塔です。脳がよい状態であれば、生命エネルギーである気が充実し、私たちの心身は健やかでいられます。

風水的には、日々入ってくるさまざまな情報を処理する脳と、パソコンやスマホは同様の働きをすると捉えています。

ですから、パソコンやスマホに溜まっている不要なデジタルデータを手放すと動きが軽くなるのと同じように、脳の機能もスムーズになると考えられているのです。

全体運を高めたい方にとくにおすすめなのが、就寝前のデジタルデトックスです。**良質な睡眠は、英気を養い、いい運気を引き寄せやすくします**。

YouTubeやSNSをだらだらと見てしまう人もいると思いますが、LED系の照明を長時間見てしまうと、副交感神経より交感神経が優位になってしまい、質のよい睡眠に入れません。寝る前はできるだけ脳を興奮させない状況をつくりましょう。

一番の理想は、お風呂に入ったら、すぐに寝てしまうこと。寝る1時間前にはスマホやパソコンから離れる習慣をつけましょう。もし、何かするとしても、本を読んだりする程度がおすすめです。

さらに、**1週間の中で1日でもスマホを見ない時間をつくること**。月に1度は、不要な画像やメールを精査し、削除して翌月に持ち越さないようにし、つねにクリアな状態にしておくことも、全体的な運気アップのための大事な一歩です。

なかなか捨てられないモノ手放しリスト

手放したいと思っていても、なかなか捨てられないモノってありますよね。

ここでは、クライアントから「どうやって捨てたらいいですか？」とよく聞かれるモノをピックアップしました。

神棚や仏壇・お守りやお札・縁起物や開運アイテム、人形・ぬいぐるみ、思い出の写真や品物・年賀状・プレゼント、宝石や天然石など、あなたにも心当たりはありませんか？

それぞれのモノを気持ちよく手放すための考え方や方法を紹介します。

神棚や仏壇・お守りやお札・縁起物や開運アイテム

ご利益を授けてくださるなど、人智を超えたパワーを持つものは、なかなか捨てられないという方が多いようです。

お正月に頂く**お守りやお札は、頂いた神社にお返しして、燃やしてもらうというの**

が一般的ですが、難しい場合は、専用のゴミ袋を作り、感謝を伝えた後、可燃ごみとして出すようにしてください。

神棚や仏壇も処分してくれる神社仏閣に持ち込むか、形を崩し、ゴミ袋にまとめて捨てても構いません。

龍の置物や大きなパワーストーンなどの縁起物や開運アイテムというのも、処分に迷うものの一つです。基本的には、お役目を果たしていただいたことに感謝して、可燃ゴミか不燃ゴミかに分けて、最終的には捨てるのが一番です。

一般的なゴミとして出す場合、塩を撒くなど、いろいろなお作法を聞くことがありますが、それはどちらでもかまいません。モノに対して「ありがとう」と伝え、ほかのゴミとは混ぜないで捨てればＯＫです。

成田山新勝寺（千葉県）など、大きな神社仏閣では、お祓いして燃やしてくれるところもあるので、自宅の近くを調べてみてください。

人形・ぬいぐるみ

人形やぬいぐるみに関しても、「ありがとう」と感謝をお伝えして、それ専用のゴミ袋に入れて捨てればＯＫ。

これらの場合は、人形供養という形をとっている神社仏閣もありますので、捨てたらバチが当たりそうで不安という方は、そうしたところを利用してもよいでしょう。

思い出の写真や品物・年賀状・プレゼント

写真や年賀状などは、五行の「木」に属し、古いものを溜め込むと発展運に影響を与えます。

昔の恋人などが映った写真、２年以上前の年賀状は捨てましょう。

年賀状はいつ誰に送ったか、送ってもらったかをデータにして残しておくと、不安なく手放すことができます。

使っていないプレゼントや引き出物なども、迷わず処分。

これらはプレゼントをしてくれた相手の気持ちや願いが込められているものです。互いの関係性が良好なときはいいのですが、離縁してしまった、疎遠になってしまうと「念」と化してしまうこともあります。

とくに**五行の中でいう「木」＝写真や年賀状などの紙類、プレゼントで貰った「土」＝陶器類は念が残りやすいモノ**なので、早めに手放し捨てる判断をしたほうがいいでしょう。

モノに役割がないということは、置いておくだけでマイナスのエネルギーを発します。頂いたことに感謝して、手放します。

宝石・天然石

誰かからもらった宝石や天然石も、基本的にはゴミとして捨てても大丈夫です。

宝石や天然石は五行の「金」に属し、古代より石には凄い力があり、私たちの願いを叶え、厄を祓ってくれるとされてきました。

歴史と共に、宝石や天然石はさまざまな「お守り」として身につけることもあれば、権威の象徴として着飾るものへと発展していきます。しかし、それらには何かしらの「念」が込められ、**自然の産物でもあることから、強い念を宿す**ともいわれています。

これがいい「祈念」であればいいのですが、石の持ち主がその力を活用できていなければ、石は役に立てる違う人のもとに行こうとする力を発揮します。そのため、持ち主に気付いてもらおうと悪さを起こしたりもします。

質屋に持って行ったり、フリマアプリやオークションサイトを利用したりして、換金することもできます。そして、そのお金を有り難く使わせてもらう。宝石や天然石そのものではなく、それをお金に換えて頂いたというようにプラスに考えてみてください。必要な人の元でまた石が力を発揮できるように感謝をすれば大丈夫です。

また、こうして手にしたお金は、消耗品、食事、旅行など、消え物に使うことをおすすめしています。もしくは、寄付やクラウドファンディングなどに使ったりしてもよいでしょう。

また、親族からの形見として譲り受けた宝石はリフォームして使うのもありです。
新たに「再生」させることで愛用すれば、生気を宿します。
宝石や天然石は、誰から、どういう経緯で頂いたのかということを検討することも
大切です。

第4章

風水的・ヒトを手放すときのヒント

ヒトの手放しどきを知るヒント

モノコトヒトの中でも、一番手放しが難しいのがヒトです。なぜなら、お互いの感情というものが揺れ動くため、なかなか一筋縄ではいきません。

けれども、取り扱いが難しいからこそ、そこから得られることがたくさんあります。ヒトとヒトが出会い、そこからコトが生まれ、さまざまな体験をすることで、私たちは人として成長していくことができるからです。

といっても、ヒトはモノやコトと違い「これとこれを手放しましょう」とはっきりお伝えすることができません。

1章でお伝えしたように、ヒトを手放すときのヒントは、**「このヒトは自分を成長させてくれるかどうか」**です。

このほかにも、ヒトを手放すときの風水的考え方を紹介します。

2年後もその人と付き合いがあるか？

もし、誰かとのことで悩んでいるなら、「この人と2年後も付き合いがあるか？付き合っていたいか？」と考えてみてください。

運と同様、人との関係性も循環しています。**その人がいい人か悪い人かではなく、その流れの中に、相手がいても不自然ではないか、イメージをすることが大切**です。

もしそれで、2年後も付き合いがないと思えば、いきなり縁を手放すのではなく、少し距離を取ってみることをおすすめします。

もともと運がいい人というのは、自分にとってお役目を終わると、相手が自然に去ってくれることがあります。

たとえば、社内に苦手な上司がいたとしましょう。重箱の隅をつついてくるような仕事の進め方がいやだったけれど、仕事に対する自分の意図を明確にし、行動していったら、ある日その上司が転勤になった。

その後、自分があるプロジェクトの責任者に抜擢され、それまでの仕事の進め方で行ったところ、大成功に導くことができた。この場合、苦手な上司は、あなたを成長させるお役目だったともいえるわけです。

このように相手が消える場合もありますが、消えない場合もあります。そのときは、相手との2年後に思いを馳せてみてください。

嫌いな人とはきっぱり距離を置く

嫌いな人、自分に害を与える人からは、すぐに距離を置くことです。自分の中に**「嫌い」「いやだ」といったネガティブな感情を持ち続けると、邪気を生み、どんどん自分の気が悪くなってしまう**からです。

なるべく距離を置いて、ほどほどに付き合うようにすること。そして、自分の気が流れるように行動することです。

ただし、嫌いだからといって、裏でその人の悪口をいったりしないように心がけてください。また、群れて、嫌いな人の噂話をしているとさらに邪気を増幅させます。「いやだ」と思う気持ちはあっても仕方ないもの。ただ、その思いを過剰に引っ張り、相手を陥れるまでいってしまうと「人を呪わば穴二つ」になりかねません。

キッチンから人間関係を整える

人間関係運のところでも触れたように、家族、友達、恋人、職場など、すべてにおける人間関係運は、風水でみるとキッチンに表れます。

キッチンは五行の「火」と「水」という真逆の質を持つものが混在しているため、きれいに掃除をして整えておかないと、人間関係運に大きな影響を与えます。

また、**「火」は男性性、「水」は女性性を表すことから、キッチンが汚れている、片付いていない家は、夫婦ゲンカが絶えない傾向**があります。

自分が妻の立場で夫との関係性が悪い場合、男性性は「火」なので、コンロや炊飯器などの周りをきれいにすればいいということではありません。

風水の基本でもある陰陽思想では、火は陽、水は陰になりますが、男性の体の中にも女性ホルモンがあり、女性の体の中にも男性ホルモンがあるように、どちらかに偏らせる必要はないのです。

まずはキッチン全体を清浄に保ち、人間関係を良好に保つベースを整えましょう。

耳鼻科系ケアで悪縁を手放す

花粉症、鼻炎などはありませんか？

東洋医学の観点からいうと、**人間関係に問題を抱えている人は、これら耳鼻科系の病気にかかる傾向がみられます**。これは東洋医学も取り入れていた祖父から聞いた話です。

別の見方をすれば、こういう人たちは日々、たくさんの人と会っているということ。人と会することが多い環境の人たちは、そのぶん、さまざまな人間関係を築くことになるので、それらをうまく活用すれば、たくさんの学びと運を得ることができます。

もしかしたら、付き合いで外に出て人と接する機会が多く、アレルギー体質となっている場合もあります。

耳鼻科系に問題を抱える方は、健診や薬などで症状が治まるようにするのと同時に、自分にとってやっかいな人間関係を見直し、運気の滞りも排除していきましょう。

いい運も悪い運もヒトからもたらされる

嫌いな人とは距離を置くとお伝えしましたが、「悪い運をもたらす人がすべてダメ」というわけではありません。

陰と陽の考え方からいうと、悪い運をもたらした人との出会いがあったからこそ、学びがあり、転じていい運をもたらすことにもつながるからです。

たとえば、表面上はスマートで素敵な彼だったけれど、浮気癖があって辛い思いをしたとしましょう。

その場合はこの体験を生かし、「私を大事にしない人とは、今後一切、付き合わないようにしよう」「私は、自分のことをもっと大事にしよう」「こういう類《たぐい》の人は大体こうくるから、次は気をつけよう」などの学びが得られます。

転んでも、ただでは起きない。必ず学びを得て、起き上がる。これが、大事なのです！

一見すると悪縁だった、悪い運をもたらす人だったと思う関係性でも、実は自分を成長させてくれた。それを理解し、相手への怒りや憎しみ、執着などを学びに昇華できたらＯＫ。その次には、大きな運を引き寄せることができます。

そして、このように運が人からもたらされるということは、自分も誰かに運をもたらしているということ。

いい運と悪い運、あなたはどちらをもたらす人になりたいですか？

自分の生き方、考え方、物事に対する姿勢などから、人に何を分け与えられるか。

こうした視点があると、運はどんどん大きくなっていきます。

他人の「気」はコントロールできないと心得る

家族でも職場でも、相性が合う・合わないということがあります。相性が合わないということは、気が合わないということ。付き合いを続けていくなら、気を合わせる努力が必要になります。

ただし、**他人の「気」はコントロールできない**と理解しておくこと。気というのは感応、感じて応じることでもあります。相手があなたの期待に対して負担を感じてしまえば、最終的には決別を生むだけです。そうなると今度は、自分の中に「やっぱり、うまくやりたい」「別れたくない」といった、相手に対しての執着や執念が生まれます。

結局これらは、「自分の思い通りにしてほしい」という他人への期待から生まれます。

けれども、相手の気をあなたが変えることはできません。

ですから、相手を変えようとする前に、なぜ自分は相手に対してこんなふうに思ってしまうのか、という部分を手放す必要があります。この作業をせずに、相手を手放したとしても、また次に出会う人とも同じような問題を繰り返すことになります。

人と人の関係性とは、悪くなったらリセットすればいい、自分にとってメリットがないなら切ればいいという、単純な話ではないのです。


では、どうすればいいかというと、相手との関係性の中に「ある可能性」を見出す視点を持つことです。これは、譲歩といい換えることもできます。

どこまでなら自分は譲歩できるかを考え、自分の中に相手に対するどんな期待や要求があるかを見極め、それらを手放していきます。これができるようになると、無駄なヒトの手放しは必要ありませんし、さまざまな人から運をもらうことができます。

人を変えようとするよりも、自分の中の想いを手放してしまったほうが、人生をより豊かにし、運気が高まっていくというわけです。

どうしても切れない縁を手放すヒント

人間関係の中でも一番厄介なのは、切らないといけないとわかっているのに切れない関係です。この場合、お互いの気が絡み合って塊になり、もはや念になっていることが多々あります。そういった縁を切るための風水的ヒントをお伝えします。

腐れ縁は、スッパリ切る

縁にはさまざまな種類がありますが、**腐れ縁は一番よくない**ものです。

なぜかというと、一緒にいるとダメになるとわかっていながら、切れないものだから。お互い関係を修復しようと努力する余地がなければ、どんどん腐っていきます。

これは澱みとなり、運気を落としてしまいます。

ヒトとの関係性は、自分を成長させてくれるかどうか。お互いの気が澱んだままでは、運気がよくなるはずがありません。

自分の人生を次に進めるためにも、スッパリと縁を切ることが大切です。

縁結び神社も縁切り神社に

誰かとの縁をスッパリ切りたい！となったとき、神社の中でもまっさきに思い浮かぶのは、縁切り神社ではないでしょうか。

とくに**京都府の安井金毘羅宮は、悪縁を断つご利益**で有名です。

もちろん、縁切り神社も有効ですが、**実は縁結びの神社にも縁切りの作用がある**のをご存じですか？

縁結びというのは、その人にとって不要な縁を外し、新しい縁を結ぶとも考えられますよね。最初にくるのは縁切りになるので、縁結びの神様でも、縁切りを行ってくださるというわけです。

縁結びの神様としては、栃木県の足利織姫神社、神奈川県の箱根神社、九頭竜神社、兵庫県の生田神社、東京都の東京大神宮などが知られています。

今の自分にとっての腐れ縁を断ち切りたい、または、これから自分はこういうことを叶えたいので今の人脈を一掃したいとなったら、縁切り、もしくは縁結びの神社で、神様のお力を借りるというのも一つの手段です。

手放すことは結局、自分を赦すということ

最終的に手放すということは、モノコトヒトすべてを赦《ゆる》すことで、自分自身を赦す作業につながります。

なぜなら、風水ではすべては循環していると考えており、**家に溢れているモノも、あなたを悩ませるコトもヒトも、あなたによりよい人生を生きるために学びを得てほしいから、目の前に現れている**ともいえるのです。

とくにヒトの手放しは、自分への赦しとつながる部分が一番大きくあります。

たとえば、「自分の親がいやだ、親のせいだ」と思ったとしても、その親を変えることはできません。

まずは、いやだと思っている感情を受けとめる。そして、私はなぜ、この親の元に生まれたのか。何を学ぶために、この親と暮らすことになったのか。私は今、どうしたいのか。こうした視点を持つことで、新たに見えてくることがあります。

私は、私自身の力で生きたいと思ったんだ。

私は、暴力ではなく対話で人と関わりたいと思っているんだ、など……。

自分の中にある思い込みを手放し、心の奥にある感情を見つめ、心を開放してみる。

そうすれば、**周囲を変えられないとあきらめることなく、運を大きく変えることができる**のです。

自分を開放するための風水的3つの方法

モノコトヒトの手放し、そして自分を赦すには、自分自身を開放することが必要になるとお伝えしました。風水を活用すれば、自分の開放をより強力に進めることができます。

次の3つの方法の中から、今すぐできることを試してみてください。これらを定期的に続けることで、あなたの心を開放し、次のステップに移りやすくすることができます。

①玄関、窓の掃除

風水で開放というならば、**内と外をつなぐ玄関と窓が非常に重要な役割を果たすこと**になります。これらを開けて、部屋の中の空気を循環させ、清浄な空間を保ちましょう。

玄関に靴を散乱させたままにしたり、車輪がついているものを置いたりせず、すっきりとした空間を保ってください。玄関のたたきの水拭きも効果的です。

なお、窓の桟には、ホコリや汚れが溜まりがちです。意外と見落としてしまう箇所ですが、こうした部分もきれいに拭き掃除をしてください。

また、窓ガラスが曇っていたり、指紋などがついて汚れていたりする場合も、きれいに拭き掃除をして、内と外がクリアに見えるようにておきましょう。

②部屋の開放感を出す

部屋の中の気がスムーズに流れるよう、床の上に服や本などを出しっぱなしにしないようにし、収納ができるものはその中にしまいます。**できるだけ部屋全体がすっきりと広く見えて、開放的なスペースになるように**してください。

風水では土地の気が重要です。もし、引っ越す場合は、隣とひしめき合っているような建物よりも、周囲に緑が多く開放感があったり、窓が大きく景色が開けて見えたりする物件がおすすめです。

③景色が開けた場所に行く、海外旅行をする

展望台や山など見晴らしのいい場所に行ったり、東京タワーやスカイツリーなどに昇ったりして、眼下に広がる景色を楽しむのもおすすめです。

自分が開放的になれることであれば、友達と飲みに行ったり、カラオケで歌ったりということでもよいでしょう。

また、広大な景色に触れるという意味では、北海道など日常では味わえない光景を観に行ったり、思いきって海外旅行に出かけて視野を広げたりするのも効果的です。

こうした非日常的な世界に身を置くことで、結果的に自分の心のキャパシティーが広がり、それまでの執着を手放す、相手を赦すといった作業がしやすくなります。

ぜひ、やりやすい方法で自分自身を開放し、新たな運を呼び込んでいきましょう。

第5章

応用！
ちょっとスピリチュアルな
手放し方・引き寄せ方

死んだら、モノコトヒトは持っていけない

第4章までは、モノコトヒトを手放す必要性やそのための方法について、風水の観点からお伝えしてきました。

第5章では風水を中心に仏教や古神道なども含め、ちょっとスピリチュアルなモノコトヒトの手放し方・運の引き寄せ方について触れていきたいと思います。

東洋思想には、死んでもまた生まれ変わる輪廻転生という考え方があります。けれども、この世で得たモノコトヒトを携えて、あの世に行くことはできません。

私たちは自分という肉体を通して、さまざまな体験を積むために、生まれてきています。それならば、最大限、貪欲に、この地球で遊んだほうがいいと思っています。

つまり、何がいいたいかというと、**「モノコトヒトを手放す」ことにとらわれすぎ**

ないでほしいということです。

ここまで手放す大切さをお伝えしてきたのに、まったく逆のことをいっているので、驚く人もいるかもしれません。

今のこの豊かな現代社会において、新しいモノや情報に触れずに生きることは至難の業。たくさんのモノを整理できず悩んだり、情報に惑わされたり、いろいろな喜怒哀楽を感じるのは当然です。

しかし、そこで得たことがすべて、あなたという人間の糧となっていきます。

ときには無駄な買い物をして失敗したり、誰かをうらやましく思ったり、そういった体験を重ねていくことで、あなたならではの魅力、個性をつくっているからです。

そこからの学びや気づきを得られれば、一見すると不幸な体験が、何物にも代えがたい大切な体験になっていきます。

さまざまな煩悩を抑制する修行をして悟りを開き、煩悩から解脱するという考えもありますが、私たちは、お釈迦さまを目指すために生まれてきたわけではありません。

手放すことに固執し過ぎると、それはお釈迦様の世界（あの世）です。でも私たちが生きているのは、モノコトヒトがあふれる煩悩の世界（この世）。

であれば、**今を存分に味わいつくそう、というおおらかな気持ちでいた方が、学びの機会も増え、年々成長する自分に出会える**というものです、

本書でお伝えしているのは、あくまで「自分にとってちょうどいい」を実現するための手放し方。「モノコトヒトがありすぎるから自分はダメなんだ！」と責めることなく、「今は、これから自分が幸せになるための過程なんだ」と楽しく取り組んでほしいと思います。

捨てられない自分も受け入れる

これまでモノコトヒトを上手に手放す方法をお伝えしてきましたが、そうはいっても、現代社会において「情報や人のいうことに惑わされてしまう」「自分の好きがわからない」と悩んだり、自分にダメ出ししてしまうことがあると思います。

そこで、一つ知っておいてほしいことがあります。

肉体に魂が宿ることで、私たちは人としてこの世を生きているわけですが、魂というのは一つではないことをご存知ですか？

古神道には「一霊四魂《いちれいしこん》」という考え方があります。

人の霊魂（＝魂）は、天とつながる直霊を中心とし、和魂《にぎみたま》、荒魂《あらみたま》、幸魂《さちみたま》、奇魂《くしみたま》の４つの魂から成るといわれています。

和魂には「親」、荒魂には「勇」、幸魂には「愛」、奇魂には「智」という魂の機能があり、それらをコントロールしているのが直霊《なおひ》になります。

和魂は物事に対して平和で穏やかに活動して親しみやすさがあります。荒魂は強いパワーを持ち、前進する力や勇ましさを司っています。

幸魂は献身性や優しさを表し、人に愛や幸福を与えます。奇魂は智恵や真理を追究したり分析したりする力を表し、物事を成し遂げる際に発揮されます。

人間にはこの4つの魂があり、これらの活動を直霊が良心のような働きで調整していると考えます。

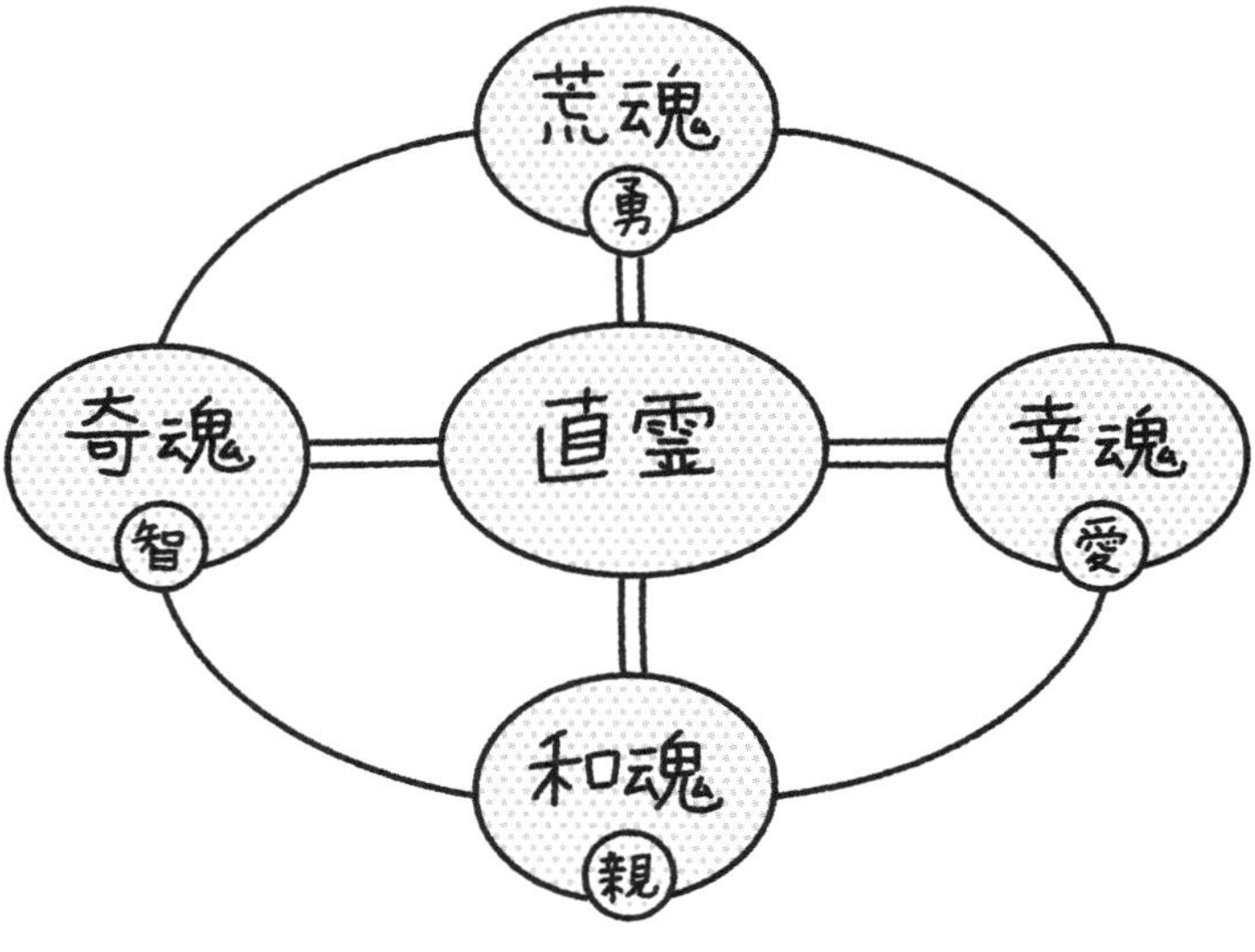

たとえば、荒魂が活性し過ぎているときは「もう少し、人の話を聞いてみたら？」、幸魂が行き過ぎたときは「やり過ぎは相手の失敗する権利（＝成長の機会）を奪うよ」などという具合に、反省を促すというものです。

魂の一つでも欠けたら、天とつながる直霊を高めることができません。その時々の感情を抑えるのではなく、コントロールすることが大切です。

そういうことを繰り返していくことで４つの魂が磨かれ、人格が成長していくとされます。

直霊、和魂、荒魂、幸魂、奇魂の５つは、風水の根幹を成す五行思想にも少し通じるところがあります。

五行の中には、「五臓」と「五志」というものがあります。「五臓」は体の中の働きを五つに分けたもの、「五志」は感情を五つに分けたものです。

木：肝→怒（怒る）
火：心→喜（喜ぶ）

土：脾→思（思い悩む）
金：肺→悲（悲しむ）
水：腎→恐（恐れる）

たとえば、五行でいう「土」は、五臓の「脾」に影響を及ぼし、「思」い悩むという感情ともリンクしています。五行は、五つのそれらが互いに影響し、変化していくとされています。

ここに一霊四魂をぴったり当てはめるには無理はありますが、人というのはさまざまな側面がそれぞれに影響を及ぼしながら、ひとつの形を作っているという考えには近いものがあります。

直霊の「霊」は、「光」や「気」という意味も持っています。いろいろな感情や経験が、魂をつくり、それがその人を取り巻く光や気となるというわけです。

ちょっと難しい話になってしまいましたが、お伝えしたいのは、**捨てられない自分**、

人の意見に左右されがちな自分、一つのコトに影響を受けやすい自分……など、自分にはいろいろな側面があって当然、ということです。

なので、手放すときにダメな自分から脱却するんだという心持ちでは、かえって本来の自分を見失いかねません。

まずはどんな自分も自分である、ということを受け入れましょう。そして、ダメな自分を変えるという心持ちではなく、なりたい自分をイメージしてみてください。そこから手放しを進めていくと、本来の自分にもつながり、運を引き寄せやすくなるはずです。

迷いが出たら、丹田を意識する

これを捨てるかどうか、この情報は信じられるかどうか、この人と今後も付き合うかどうか……。

役割だけで割り切れず、自分の心地よさがわからなくなってしまったとき、有効なのが「丹田」を意識することです。

丹田は気が集まるところといわれ、へそ下3寸にあります。1寸は親指1本分の幅ですから、へそから指3〜4本分下にあるということになります。

東洋医学的にみると、丹田がある場所は子宮などの生殖器や大腸があるところと重なり、五臓六腑の真ん中に位置するといわれています。

つまり、**丹田を意識することは、自分自身の深い部分につながる**ことになるのです。

この丹田を意識しながら深い呼吸を繰り返すことで、自分の頭の中のさまざまなおしゃべりが静かになっていきます。

両手を丹田に軽くおき、鼻から息を吸って、口からゆっくりと吐くようにしましょう。これを3回から5回行ってください。口からゆっくりと吐くときは、体内に溜まった悪い気やストレスを吐き出すようなイメージでやってみましょう。

そうして自分の内側が静かになると、「○○したい」「○○したくない」など、自分の本心がふっと上がってきやすくなります。

迷ったときはこのようにして静かに自分自身とつながり、最善の選択をするようにしてみてはいかがでしょうか。

物事には陰と陽の両面があるので、もしかするとそのとき選んだことは、大変そうに思えることかもしれません。けれど、頑張ってそれを乗り越えた先には、これまでとは違う人生が待っているはずです。

いつでも手軽にできる邪気祓いを知っておこう

現在は、邪気がつきやすい時代と、1章でお伝えしました。モノはすぐ手放すことができますが、この情報化社会において、情報やヒトとの関わりを今すぐ手放すというのはなかなか難しい。

ここでは、日々の生活の中で手軽にできる、風水的邪気祓い9選を紹介します。

風水的邪気祓い①自然の中に出かける

小さな厄落としとして**日常的にできる一番のおすすめが、自然の中に出かけてパワーをチャージする方法**です。

太陽や土、木など、自然の中には強い陽の気が満ちあふれています。海や川、山や森、ほかに植物園や緑豊かなカフェなど、自分の好きなところに出かけて自然浴をするだけでＯＫです。

また、日本には古くから八百万《やおよろず》の神という考え方があります。太陽には天照大神、月には月読尊《つくよみのみこと》、川には瀬織津姫《せおりつひめ》というように、あらゆる自然の中に神様がいるとし、自然豊かな環境の中に身を置くこと自体が、浄化となります。これが難しい場合は、家の中に観葉植物を置くだけでも効果があります。

風水的邪気祓い②旅に出る

旅というのは、日常から離れたところにある非日常です。**そういう時間を取ることによって、澱んでいた気、停滞していた気の流れを変えることができます**。するると、自分の気も整い、ブレない自分で過ごせるようになります。

また、**旅によってその土地のエネルギーをもらえる**ということもあります。

風水では循環がいいとされていますから、普段接しない土地の気を取り込むことで、自分に新たなエネルギーが加わり、気がよくなることにつながります。

ただ、旅行というと、方位を気にする方がいらっしゃいます。もちろん方位も大切ですが、あまり方位にこだわりすぎると、逆に身動きが取れなくなってしまいます。まずは非日常を楽しみ、生気を取り戻して日常に戻るということを意識してみてください。

風水的邪気祓い③流行に乗ってみる

その時々のブームというのは、風水でいうと流れてくる情報ということで「風」の部類に入ります。

食べ物、服、髪型、メイク、行楽地、遊びなど、いろいろな流行がありますが、そうした情報を得て試すというのは、その気流に乗るということ。気の流れに勢いがあるので、エネルギーがチャージされ、邪気を祓うことができます。

さらに、流れに乗ると、発見があったり、出会いがあったり、SNSにアップすればいろいろな人のアクセスが増えたりなど、単純に自分の気分を押し上げてくれることにもつながります。

自分を満たすと気が高まるため、厄除けになるという効果もあります。

流行というのは一時的で普遍的なものではありません。だからこそ自分の好みに合う流行があれば、ぜひ、その波に乗ってみてほしいのです。

けれども、流行だからといって、なんでもかんでも乗ればいいというわけではありません。自分の中に「試してみたい」「行ってみたい」という好奇心が湧いたものだけ、トライしてみてください。

風水的邪気祓い④いつもと違うことを取り入れる

いつもと違うことを取り入れるというのも、厄落としの一つです。

「なんだか最近、変わり映えしないなあ」というときは運気が停滞している証拠。

いつもベッドはこの位置だけれどこちらに変えてみよう、いつもは選ばないデザインだけど今回は気になるのでこの靴を買ってみよう、いつもはこの道を通るけれど今日は別の道で行ってみようなど……いつもと違う選択をすることで新しい流れを呼び込み、自分自身を風通しよくすることが、厄落としにもつながります。

意識的に、部屋や自分自身の風通しをよくしておかないと、日々の生活で生じる邪気や陰気が澱のように溜まっていってしまいます。

「何か楽しいことないかな」と受け身で待っていては、運気はよくなりません。いつもと違うことを能動的に試して、気の流れを変えていってほしいと思います。

ただし、毎日のように違うことをやりすぎると、気が散っているということになるため、気が滞っているなと感じたときに取り入れてみてください。

風水的邪気祓い⑤塩をなめる

飲食店や水商売のお店の扉の脇に、盛り塩がされているのを見たことがある方は多いと思います。最近では、一般の方でも盛り塩をしている人が多いという話を聞きます。

盛り塩には玄関先に水を撒くのと同じ、影響を及ぼす人を寄せ付けない作用がありますが、その効果は強く、いろいろな縁を寄せつけなくなってしまいます。

ですから、**婚活中や恋人募集中など、出会いを求めてる人がこれをやり過ぎるのはNG**。結界のガードが固くなり過ぎ、相手と出会いづらくなるので、避けたほうがよいでしょう。

盛り塩より手軽で効果があるのは、塩を持ち歩く、もしくは塩をなめることです。

小さな袋にお気に入りの塩を入れておき、いやな出来事を見てしまった、聞いてしまった、巻き込まれてしまったというときは、その塩をひと舐めしたり、水に少し溶いてうがいをしたりするのをおすすめしています。

また、背中上部、左右の肩甲骨の間には「風門」というツボがあり、邪気はここから入るといわれています。霊がついてきそうな場所に行ってしまった、誰かから念を送られている気がする、なんだかいやな感じがするときは、ここに塩をすり込むようにすると、厄を祓うことができます。

風水的邪気祓い⑥香りをまとう

香りというのも、古くから邪気祓いに使われてきたアイテムです。お香はもちろん、香水やアロマオイルなどもよいでしょう。

お気に入りの香りを部屋に漂わせるだけで、その場を浄化することができます。

常温で香りを発する香料を詰めた匂い袋も、昔から使われてきたアイテムの一つ。バッグの中に入れて香らせたりするほか、衣類や文書とともに保管して香りづけを楽しんだり、お財布に入れてお金が持っている邪気を祓ったりする使い方もあります。

浄化で効果的な香りは、神の香木といわれる「白檀」です。弘法大師空海が愛用した「風信香」も心が落ち着く香りでおすすめです。

アロマオイルなら「フランキンセンス」「ユーカリ」「ティートゥリー」がいいでしょう。

先ほどの塩と同様に、首の後ろにあるツボ「風門」に塗り込むことで、邪気を祓うこともできます。

風水的邪気祓い⑦天然石を身につける

鉱物学という学問があるくらい、鉱物（鉱石）、つまり天然石というのは奥が深いものです。

風水の五行でいうと天然石は、「土」「金」のエネルギーを持ちます。ここでいう金とはいわゆるゴールドのことだけでなく、エメラルドやクリスタルなどの鉱物も含まれます。

天然石には自然のパワーが宿っており、場を浄化したり邪気を祓ったりする効果があるため、古代からご神事などにも使われてきました。

天然石でつくられたブレスレットを身に着けたり、その原石を部屋に飾ったりするだけでも邪気祓いになります。

なかでもデトックス力の高いケイ素を多く含むクリスタルは、人間との親和性が高く、どんな人とも比較的相性がよい天然石です。

風水的邪気祓い⑧ハーブ・スパイスを食べる

薫り高いハーブやスパイスも、邪気祓いに有効なアイテムです。自分にパワーが足りないなと感じたとき、ニンニクを食べると元気になりますよね。カレーなどスパイシーなものを食べたときにも、体が活性化した感じがします。

東洋医学においても、ハーブやスパイスは、気の流れをよくすると考えます。仕事の合間にハーブティを飲むだけでも、気をリフレッシュさせることができますよ。

風水的邪気祓い⑨水にこだわる

水で手を洗い、口をゆすぐというだけでも、かなりの浄化になります。神社でもお参りする前に、手水で手と口をゆすぎますね。いわゆる手洗い・うがいが、すでに厄払いになっているということです。

また、**コンビニでも「○○の天然水」など、いろいろ種類がありますが、水はどこの水かによって、気が違う**ということをご存じでしょうか？

自分にパワーをもたらしたいときは、富士山やアルプス山脈など、山にまつわる水を、浄化したいときは、海洋深層水や川からの天然水を選びましょう。

神社で邪気を清めよう

厄を祓ったり、運気を高めたりしたいとき、神社に足を運んで、神様からの力をお借りすることがあります。

最近では、全国のパワースポットを巡る旅行なども人気だそうです。ただ、運がよくなりたいと、やみくもにパワースポットに行っても効果は期待できません。

神様は真剣に願い、実際に自ら行動する人たちにサポートの手を差し伸べてくださいます。そのときの願いを叶えるために必要な場所を一カ所に定め、現実を動かすために自分自身で動く努力をしたほうが、願いごとは早く叶います。

自分に縁のあるパワースポットなら、さらに大いなる助けとなってくれるでしょう。

自分に縁がある神社とは、次の3種類を指します。

①産土神が祀られている場所

自分が生まれた土地を守る神様のことを産土神《うぶすながみ》といいます。

産土神にあたる神様とは、生まれた瞬間からご縁がつながっています。生まれたときに住んでいた家の土地を守る神様、出産先の病院の土地を守る神様、母親の里帰り出産の土地を守る神様、これらすべてが、自分にとっての産土神となります。

なお、海外で生まれて日本で育った方の場合は、日本に来たときにご縁が生まれ、住み着いた土地の氏神を産土神と見立てるとよいでしょう。

②氏神が祀られている場所

自分が今住んでいる土地を守る神様を氏神《うじがみ》といいます。そのため、氏神は引っ越しによって変わることになります。

普段の生活で一番身近な場所ですから、散歩がてらにお参りするなど習慣をつけておくと、氏神の力を身近に感じられることでしょう。

自分の氏神を知りたい場合は、神社庁に電話して住所から調べてもらったり、その地域に昔から住んでいる方に聞いてみたりするのもおすすめです。

③縁がある神様が祀られている場所

縁がある神様とは、氏神と違い、旅先で立ち寄った神社、通勤や通学中で目にする神社で、**とても居心地がいい、なんとなく懐かしい感じがする、なぜかわからないけれど涙が出てきた……という場所**です。

また、今まで自分が「これに困ったときはここにお参りする」と決めている場合も縁があると考えていいでしょう。

たとえば、お金に困っているときに行く神社、良縁や恋愛を相談する神社、仕事で飛躍したときに行く神社など、自分が今一番叶えたいことから、ご縁を作りたい神仏を選ぶとよいでしょう。

ただし、多くの神社に行くことで満足してしまい、神頼み状態になってしまわないように注意してください。

相性のいいパワースポットを知らせるサイン

人間同士でも、相性がいい・そうでもないがあるように、神仏と私たちの間にも相性があります。

相性がいいパワースポットの場合は、次のような10のサインが現れることが多いので、参考にしてみてください。

●「行く」と決めてから、身のまわりでよいことが起こり始めた
●お参りの前日に雨が降り、当日は晴れるなど、天候に変化があった
●手を合わせたときに、心地よい風が吹いた
●虹や彩雲を見ることができた
●蛇、蝶、猫、鳥など神話に出てくる動物を境内で見かけた
●結婚式などのお祝い事やお祭りに遭遇した

●境内でよい香り、よい匂いを感じた
●お参りの後でよい知らせが届いた
●願いごとがスムーズに叶った
●夢に神様や仏様が出てきた

ただ、本当の意味での相性は、時間を置いてからわかることが多く、大きなインパクトが残る経験でもない限りは、すぐに判断しないほうが賢明です。
なぜなら、神仏はその人に苦労を与えることで、学びを授けようとしてくださることもあるからです。

なお、神社仏閣に足を運んだ際、こうしたサインを探すことばかり意識してしまうのは考えものです。あくまでも自然に気付けばよし、というくらいにシンプルに考えて固執せず、軽やかに神様とのご縁をつないでいきましょう。

あとがき

風水には鏡の反射を利用し運を増幅させる手段があり、鏡は光も闇も映します。汚れて曇っていたらぼやけて見えませんし、変形していれば歪んで見え、鏡の底にある大切なことにも気づけないかもしれません。

映し出すモノを常にきれいに磨いて整えておくことで、光は保たれます。


住まいは、「私たちの今」を映し出す鏡です。

薄暗い玄関で、何を踏んだかもわからないモノたち、鏡を見ると生気のない表情。明るい玄関で、役割をもったモノたち、鏡を見ると生き生きとした表情。

住まいをチェックすることは、今の自分の状態を見ることと同じ効果があります。


あなたのまわりにいる人も、あなた自身の鏡。

どんな人と付き合っているのか、どういう人に恵まれているのか、周囲を確認してみましょう。やさしい人が多いでしょうか？　それとも意地悪な人が多いでしょうか？

なかなか片付けられない、手放すことに恐れがある、というのは正常な心理です。

ですが、闇があるから光を見出せるもの。今ある状況をどうしたらいいかを見直すために、陰と陽が共に存在しているのです。

そして、さまざまなモノとヒトの経験からコトが生まれ、次はどうしていくとよりいいかを見出そうとします。なぜなら、時間、季節は繰り返し、無情にも進んでいくからです。

太陽の存在を強烈に感じた長い夏も終わり、秋の月光を楽しめる時期。錦色の自然の絨毯が広がり、木々も冬支度をはじめる頃、翌年のコトを考えはじめるでしょう。来年はどんな年にしようか、今年はどんな年だっただろうと、次の進化に向けて私たちもまた準備をします。

「新しい時代に向けて、風水もまた進化し磨き続けなければ」と感じながら、本書に携わってくださったみなさまに感謝申し上げます。

愛新覚羅ゆうはん

愛新覚羅ゆうはん（あいしんかくら・ゆうはん）

作家・デザイナー・開運ライフスタイルアドバイザー
（占い・風水）

中国黒龍江省ハルビン市生まれ。映画「ラスト・エンペラー」で知られる清朝の皇帝・愛新覚羅氏一族の流れをくむ。5歳のときに来日し、桑沢デザイン研究所を卒業後、北京大学医学部へ。幼少期から備わっていた透視能力に加え、東洋・西洋あらゆる占術に精通し古神道歴は20年以上。占い・風水師として20年で延べ25,000人以上を鑑定（2024年時点）。「人と運」の関係性を独自に研究しながら、中小企業向けの講演会や暦を活かしたセミナーや神社アテンドのイベントは全国で満員が相次ぐ。2020年より陶器上絵付け作家として国立新美術館で作品展示をするなど、多岐にわたって活動をしている。

著書に『いちばんやさしい風水入門』（ナツメ社）、『神さま・仏さまとのご縁のつなぎ方』（ブティック社）、『一番わかりやすいはじめてのイーチンタロット』（日本文芸社）、『一番わかりやすいはじめての四柱推命（日本文芸社）』などがある。累計部数17冊26万部超。

愛新覚羅ゆうはん公式サイト　https://aishinkakura-yuhan.com/

手放すと開運！風水

2024年11月13日　初版第一刷発行

著　　者……………愛新覚羅ゆうはん
発 行 者……………三輪浩之
発 行 所……………株式会社エクスナレッジ
〒106-0032
東京都港区六本木 7-2-26
https://www.xknowledge.co.jp/

問い合わせ先
編集………Tel：03-3403-6796
Fax：03-3403-0582
info@xknowledge.co.jp
販売………Tel：03-3403-1321
Fax：03-3403-1829